Bundesforschungsanstalt für Naturschutz und Landschaftsökologie

Schriftenreihe
für Landschaftspflege und Naturschutz

Heft 26

Schr.-Reihe für Landschaftspflege und Naturschutz 26, 80 S.,
Bonn-Bad Godesberg 1985

Zur Regeneration von Bächen der Agrarlandschaft
Eine ichthyologische Fallstudie

von

Rüdiger Bless

Bonn-Bad Godesberg 1985

Herausgegeben von der
Bundesforschungsanstalt für Naturschutz und Landschaftsökologie
D-5300 Bonn 2, Konstantinstr. 110

Nachdruck nur mit Genehmigung der Bundesforschungsanstalt gestattet.

Diese Veröffentlichung ist zum Preise von DM 13,– beim
Landwirtschaftsverlag GmbH, 4400 Münster-Hiltrup, zu beziehen.

ISBN 3-7843-2026-0

INHALTSVERZEICHNIS

1. Einleitung

Erklärtes Ziel des Naturschutzes nach § 1 BNatSchG ist es, Tier- und Pflanzenwelt als Lebensgrundlage des Menschen nachhaltig zu sichern.

Hierzu gehört nach § 2 (1) 6 BNatSchG, daß Gewässer vor Verunreinigungen zu schützen sind, die natürliche Selbstreinigungskraft erhalten oder wiederhergestellt wird, nach Möglichkeit rein technischer Ausbau von Gewässern vermieden und durch biologische Wasserbaumaßnahmen ersetzt wird.

Der Gesetzesauftrag ist also sehr weitreichend, er erstreckt sich auf alle Tier- und Pflanzenarten und ist auf 100 % der Fläche der Bundesrepublik Deutschland zu verwirklichen. Demgegenüber steht die heutige Situation. Die Fließgewässer der Ebenen mit ihrer pflanzlichen und tierischen Besiedlung gehören zu jenen Gewässertypen, die in Vergangenheit und Gegenwart am stärksten in Mitleidenschaft gezogen worden sind. Sehr häufig sind sie zu Kloaken verkommen, die nur noch Fäulnisbewohnern Lebensmöglichkeiten bieten. Man kann außerdem wohl unbestritten sagen, daß die allermeisten Tieflandbäche ausgebaut sind. Das bedeutet, sie haben in vielen Fällen ihren Strukturreichtum verloren. Verschlechterung der Wasserqualität durch fehlende oder unzureichende Klärung von Abwässern, durch Einspülung von düngenden Stoffen und Pestiziden aus Agrarflächen und die Nivellierung von Strukturen durch Ausbaumaßnahmen als die wesentlichsten Ursachen haben die betroffenen Lebensgemeinschaften in akute Existenznot gebracht (vgl. Blab, Nowak et al. 1984, Bless 1978, 1980).

Sind nun derartige Gewässer als verloren zu betrachten oder kann der Auftrag nach § 2 BNatSchG sinngemäß vollzogen werden? Der Beantwortung dieser Frage soll sich die folgende Untersuchung widmen. Hierzu war es zunächst notwendig, geeignete, repräsentative Gewässer zu finden. Es zeigte sich − wie zu erwarten war −, daß hieran wahrhaftig kein Mangel herrschte. Aus pragmatischen Gründen wurde das System der oberen Swist (s. Karte, Abb. 2) ausgewählt. Die zu untersuchenden Bäche haben alle mindestens eine Ortspassage und fließen im wesentlichen durch intensiv genutzte Agrarflächen. Auch gegenwärtig dienen die Swist und einer ihrer Nebenbäche noch als Vorfluter für Kläranlagen, nach wie vor existieren diffuse Einleitungen.

Ein erster Ausbau fand bereits vor über 50 Jahren statt. Aktuelle Ausbau- und Unterhaltungsmaßnahmen konnten in das Untersuchungsprogramm mit einbezogen werden. Als günstig stellte sich weiterhin heraus, daß die Swist bereits 1957 (Wilhelm 1964), dann 1978 (StAWA 1978), 1981, 1982, 1983 (Landesamt f. Wasser und Abfall 1982, 1983, 1984) untersucht wurde. Außerdem wurde am Ort eine weitere Arbeit 1983 (Nolden 1984) fast zeitgleich mit der eigenen durchgeführt. Es waren also sehr gute Vergleichsmöglichkeiten gegeben. Der Zeitpunkt der Untersuchungen, d. h. der Beginn der ersten Vorstudien, 1982 bot sich an, da in diesem Jahr zwei einleitende Gemeinden an die Verbandskläranlage angeschlossen wurden (Abwasserzweckverband „Obere Swist" 1983 in litt.). Die Folgen machten sich bald bemerkbar, indem das vormals trüb-graue Wasser der Swist klar wurde, statt Abwasserpilzen grüne Fadenalgen wuchsen und sich nach vielen Jahren der Verödung im Bereich Meckenheim zum Frühjahr 1983 das erste Mal wieder Fische zeigten. Die Regenerationsfähigkeit des Systems war trotz jahrzehntelanger übermäßiger Belastung also noch nicht völlig zerstört worden. Selbst in diesen scheinbar absolut degradierten Lebensräumen wohnt offenbar noch eine Kraft, die nur darauf wartet, unterstützt zu werden.

Die Untersuchungen der Jahre 1983/84 begleiten die sich abzeichnenden Veränderungen. Die Befunde sollen helfen, den Vorgang zu erklären und weitere unterstützende Maßnahmen zu entwickeln.

2. Das Untersuchungsgebiet

Das Untersuchungsgebiet umfaßt den südöstlichen Teil der Zülpicher Börde, die Rheinbacher Lößplatte (s. TK 25; 5307, 5308, 5407). Sie wird im Osten durch die geringe Aufragung der Ville, im Westen und Süden durch den Nordrand der Eifel begrenzt. Im äußersten Südosten, südlich von Meckenheim auf 5 km verengt, zieht sich die Ebene stetig ansteigend bis auf die Höhen der Rheineifel. Nach Norden öffnet sich die Bördelandschaft auf eine Breite von 27 km.

Den Untergrund der Lößplatte bilden tertiäre Schichten. Diese werden von Hauptterrassenschottern quartären Ursprungs überlagert. Gedeckt werden die Schotter durch eine wenig mächtige Lößlehmdecke. Das Klima des Gebietes wird durch die Wind- und Regenschutzlage östlich des Eifelabfalles bestimmt. Die Jahresniederschläge von meist 600 mm sind im Vergleich zur Umgebung relativ niedrig. Das milde Klima steht dem der Kölner Bucht kaum nach. Durchschnittlich kann mit nur 10–15 Schneedeckentagen gerechnet werden (Paffen 1959). Die Wasserführung des Swistsystems schwankt sehr stark mit den Niederschlägen. Bei Regenfällen folgt innerhalb weniger Stunden Hochwasser. Schnell wechselnde Wasserstände sind also ein Charakteristikum der hiesigen Gewässer (Abb. 1). In der Regel werden die höchsten Wasserstände gegen Ende des Winterhalbjahres zwischen Januar und April beobachtet. Das Abflußmaximum im Mai 1983 ist insofern untypisch.

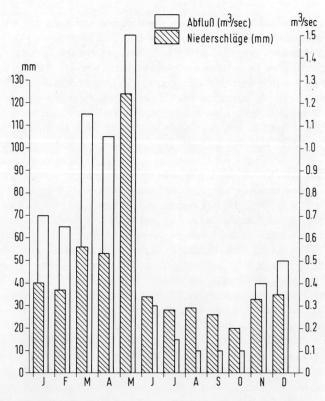

Abb. 1: Monatliche Mittel des Niederschlags (Station Gelsdorf, Großer Erftverband) und Abfluß (Pegel Morenhoven, StAWA Bonn, 1983)

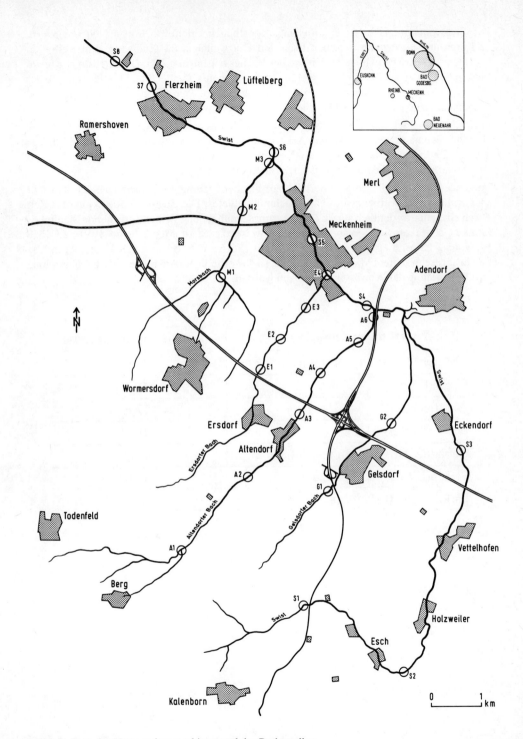

Abb. 2: Lage des Untersuchungsgebietes und der Probestellen

9

Die Swist entspringt bei Kalenborn am nordöstlichen Eifelfuß 326 m ü.NN, fließt nach Südosten und biegt dann zwischen Esch und Holzweiler in die Zülpicher Börde ein. Bei Müttighoven/Flerzheim liegt das Niveau des Baches bei 150 m ü. NN. Die Fließstrecke bis zu diesem Punkt beträgt 21,5 km, das Gefälle liegt zwischen 1,7 und 2,9‰. Die Nebenbäche des oberen Swistsystems entspringen in unterschiedlicher Höhe am östlichen Rand der Eifel und fließen nahezu parallel in nordöstlicher Richtung der Swist zu (Abb. 2).

Das Einzugsgebiet der oberen Swist wird durch intensive landwirtschaftliche Nutzung geprägt. Grünland wechselt ab mit Ackerland, Obst- und Baumschulanlagen und schließt größere Siedlungsflächen mit ein. Die Nebenbäche durchziehen im wesentlichen Obst- und Baumschulanlagen, die mit Ackerflächen durchsetzt sind.

Folgende Tabelle 1 gibt einen Überblick zur Flächennutzung im Gemeindegebiet der Stadt Meckenheim, der Kernzone des Untersuchungsgebietes. Die Region wurde in jüngster Zeit durch eine außerordentlich starke Bevölkerungszunahme und dementsprechende Siedlungstätigkeit charakterisiert. Während beispielsweise die Stadt Meckenheim 1950 nur 4350 Einwohner hatte, stieg deren Zahl 1979 bis auf 15615 an (Anonymus 1980). Diese Tendenz hält in abgeschwächtem Maß auch weiter an, so daß erhebliche Anstrengungen zur Sammlung und Behandlung der Abwässer erzwungen wurden.

Flächennutzung im Jahre 1979	Anteile am Gesamtgebiet
Landwirtschaftliche Nutzfläche	62,6 %
Ödland	0,3 %
Waldfläche	17,8 %
Wasserfläche	0,6 %
Gebäude, Hof- und Industrieflächen	10,9 %
Straßen, Wege, Parkplätze	6,4 %
Parkanlagen, Friedhöfe	1,4 %

Tab. 1: Flächennutzung im Gemeindegebiet der Stadt Meckenheim

3. Methoden

3.1 Physikalische und chemische Untersuchungen

Jede der 23 Probestellen wurde von August 1983 bis April 1984 fünfmal einer orientierenden Wasseranalyse unterzogen. Im Winter wurden keine Messungen durchgeführt.

Da die Messungen mit Ausnahme der Sauerstoffzehrung direkt am Bach vorgenommen wurden, erfolgten sie aus arbeitstechnischen Gründen zu verschiedenen Tageszeiten. Nur die Temperaturen wurden immer zur Mittagszeit gemessen. Das Analysenwasser zur Bestimmung der Sauerstoffzehrung wurde in Winklerflaschen gefüllt.

Folgende Parameter wurden gemessen:

1. Wassertemperatur am Gewässergrund
2. pH-Wert mittels Aquamerck-pH Art. 8038
3. Aktueller Sauerstoffgehalt
   a) nach Winkler
   b) Oxi Digi 88, WTW
4. Ammoniumgehalt mit Aquamerck-Ammonium-Test 11117
5. Sauerstoffzehrung nach 48stündigem Aufenthalt der Wasserproben bei 20° C im Dunkeln wie 3
6. Fließgeschwindigkeit des Wassers mit Taschenanemometer TAD und Meßkopf W 25, Höntsch, Bachmitte in 5 cm Tiefe
7. Besonnung der Wasseroberfläche um 12.00 Uhr in prozentualen Angaben geschätzt
8. Wassertiefe in Bachmitte

3.2 Biologische Untersuchungen

Jeweils im Sommer und Herbst 1983 und Frühjahr 1984 wurden alle Probestellen untersucht. Der Fang der Fische und Benthosinvertebraten erfolgte

a) mit einem Handnetz der Maschenweite 1 mm. Der Kescher wurde senkrecht in die Strömung gestellt und das Substrat davor aufgewirbelt, die aufgestörten Fische und andere Wasserorganismen gelangten so in das Netz. Die Fangmethode lehnt sich weitgehend an Gorman u. Karr (1978) und Smyly (1955) an. An jeder Probestelle wurden 100 m abgeschritten, so daß möglichst langsam und schnell strömende Bereiche erfaßt wurden. Die abgemessene Strecke wurde mit dem Netz 30 Minuten abgefischt, indem alle 10 m ein Transsekt gelegt wurde. Auf diese Weise war die Vergleichbarkeit der Fänge an allen Probestellen gegeben. Die Menge der Wirbellosen wurde aus Zeitgründen und wegen der z. T. erheblichen Individuenfülle in 3 Stufen geschätzt:

wenig: bis 9 Individuen
mittel: bis 99 Individuen
viel: mehr als 99 Individuen.

An sämtlichen Probestellen wurde anhand der gemessenen Werte und der faunistischen Bestandsaufnahme die Gewässergüte eingeschätzt. In der folgenden Tabelle 2 werden wesentliche Merkmale zur Güteeinstufung zusammengefaßt.

b) Zur Untersuchung von Wanderbewegungen wurden speziell angefertigte Reusen (Abb. 3) eingesetzt, die jeweils um 8.00 und 18.00 Uhr kontrolliert wurden. Die Funktionsweise der Reusen entsprach der eines Surber Samplers, es waren jedoch einige Modifikationen notwendig. Die Maschenweite der Bespannung beträgt 1 mm; der 2 m lange Fangsack ist hinten zu öffnen und vorn über einem Rahmen mit Flügelmuttern an dem festen Reusengestell befestigt. Beim Leeren braucht der Reusenkörper so nicht aus dem

Bachbett entfernt zu werden. Die Öffnung der Reuse wird nur durch eine untere Kehle verengt. Eine zu kleine Fangöffnung würde durch in der Strömung driftende Pflanzenteile etc. zu schnell verstopft.

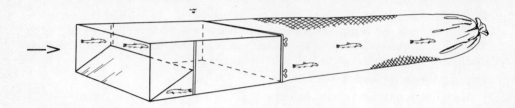

Abb. 3: Reuse zum Fang von Kleinfischen in schnell strömenden Gewässern

c) Ergänzend wurde die Methode der elektrischen Befischung angewandt. Hierzu wurde ein batteriebetriebenes Impulsgerät vom Typ DEKA 3000 verwandt. Es wurde jeweils eine Bachstrecke von 100 m abgefischt.

Die hier vorwiegend angewandte Methode des Handnetzfanges hat gegenüber der Elektromethode den Vorteil, daß auch sehr kleine Individuen in repräsentativen Mengen sowie Benthosinvertebraten erfaßt werden konnten. Die Methode der Elektrofischerei ist zwar sehr elegant und schnell, vermag jedoch keine Wunder zu bewirken. Sie ist also keineswegs die ausschließliche Methode zur quantitativen Erfassung eines Fischbestandes in Fließgewässern (vgl. Bohlin u. Sundström 1977).

Die gefangenen Fische wurden an Ort und Stelle nach Artzugehörigkeit bestimmt, vermessen und anschließend wieder zurückgesetzt. So war gewährleistet, daß durch den Fang zu verschiedenen Jahreszeiten kein Ausdünnungseffekt an den Populationen der Entnahmestellen entstand. Die übrigen Fanganteile an Substrat, Detritus und Wirbellosen wurden in weithalsigen PVC-Flaschen mit 70% Äthylalkohol als Konservierungsmittel überführt. Die Aussortierung der Organismen erfolgte später im Labor. Da der Fang in erster Linie auf Fische abzielte, war aus methodischen Gründen nicht zu erwarten, daß die Invertebratenfauna quantitativ und qualitativ in der naturgegebenen Relation zur Fischfauna stand.

Güteklasse	I	II	III	IV
Belastungszustand	kaum verunreinigt oligosaprob	mäßig verunreinigt ß-mesosaprob	stark verunreinigt α-mesosaprob	sehr stark verunreinigt polysaprob
Saprobienindex S	< 1,75	< 2,5	< 3,25	> 3,25
O_2-Zehrung 48 h in %	< 40	< 65	< 90	> 90
O_2-Sättigungsdefizit in %	< 30	< 50	< 70	> 70
O_2 mg/l	> 6	> 4	> 3	< 3
NH_4^+ mg/l	< 1	< 4	< 7	> 7

Tab. 2: Grenzwerte in der Gütegliederung von Fließgewässern nach v. Tümpling (1968, 1969)

3.3 Experimentelle Untersuchungen

3.3.1 Verhalten in der Strömung

Als Gerinne dienten Plastikrinnen von 1,5 m Länge und 0,16 m Breite mit glatter, grauer Oberfläche. Die Rinnen wurden an verschiedenen Stellen eines Bachbettes befestigt, so daß in ihnen laminare Strömungen definierter Größe zu messen waren. In die vorn und hinten offenen Modelle wurden die Versuchstiere eingesetzt. Die Fische entstammten dem gleichen Bach und wurden an Ort und Stelle gefangen. Insgesamt wurden 74 Individuen der Bachschmerle mit einer Körperlänge zwischen 2,3–9,3 cm getestet. Die geprüften Strömungsgeschwindigkeiten lagen zwischen 0,2–1,3 m/sec.

3.3.2 Substratpräferenz

Die Versuche wurden in rahmenlosen Glasaquarien der Grundfläche 144,5 x 35,1 cm durchgeführt. Diese Maße waren so gewählt, daß fünf Plastikschalen so in die Becken eingesenkt werden konnten, daß sich ein lückenloser Abschluß mit den Glaswänden und untereinander ergab.

Die Wassertemperatur wurde durch ein Kühlaggregat (Eheim 3550) in Verbindung mit einer Umwälzpumpe geregelt und von Woche zu Woche so eingestellt, daß sie den saisonalen Verhältnissen im Ursprungsbach der Versuchstiere entsprach. Die Aquarien wurden zusätzlich durch eine Pumpe belüftet, so daß das Hälterungswasser ständig ± 100% O_2-Sättigung aufwies. Die Beleuchtung der Becken durch Leuchtstoffröhren wurde durch eine Zeitschaltuhr gesteuert, so daß die Verhältnisse einen natürlichen Jahresgang simulierten (Abb. 4). Über der Wasseroberfläche betrug die Lichtmenge 1660 Lux, was etwa den Lichtverhältnissen unmittelbar über dem Wasserspiegel von mit Gehölzen begleiteten Bächen entspricht.

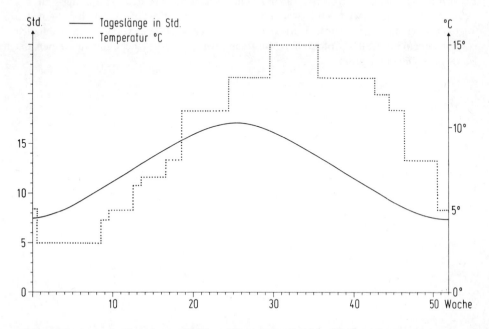

Abb. 4: Jahresgang der Temperatur (T °C) und Tageslänge (Std.) in den Versuchsaquarien

Monatlich wurde ⅓ des Wassers abgezogen und durch frisches Leitungswasser ersetzt. In dieser Zeit wurden die Versuche für eine Woche unterbrochen, um etwaige unkontrollierbare Reaktionen auf Änderungen des Wasserchemismus auszuschließen.

Die fünf Plastikschalen dienten der Aufnahme der zu prüfenden Substratkorngrößen:

1. Kontrollschale ohne Substrat
2. Sand ∼0,1 cm Ø
3. Kies 2−3 cm Ø
4. Kies 6−8 cm Ø
5. Steine ∼15 cm Ø

Im Versuch wurden die Schalen an jeder der fünf möglichen Positionen getestet, um das Präferenzverhalten der Bachschmerlen frei von Gradienteneinflüssen innerhalb der Aquarien bezüglich Strömung, Temperatur, O_2-Gehalt, Belichtung u. ä. beurteilen zu können. Die Versuchstiere entstammten dem oberen Swistsystem. Folgende Größenklassen wurden geprüft:

a) 2 Individuen 8,9−9,3 cm Gesamtlänge
b) 9 Individuen 2,3−4,3 cm Gesamtlänge.

Die Schmerlen wurden außerhalb der Versuchszeiten in Aquarien ohne Bodengrund gehalten, wo ihnen Keramikschalen als Unterschlupf geboten wurden. Die Fütterung bestand aus Chironomiden-Larven. Um die Hälterungsbedingungen zu überprüfen, wurde mehrmals das Längenwachstum der Jungtiere gemessen und mit dem der freilebenden Fische in der Swist verglichen. Hier zeigte sich ein hohes Maß an Übereinstimmung. Es kann also von einer artgerechten Haltung der Tiere ausgegangen werden, zumal die weiblichen Individuen ein Jahr später guten Laichansatz zeigten.

Zu jedem Versuchsbeginn wurde abends eine Schmerle aus dem Hälterungs- in das Versuchsbecken umgesetzt, und zwar immer in die substratlose Kontrollschale. An den folgenden beiden Tagen wurde viermal pro Tag über ¼ Stunde das Verweilen auf den verschiedenen Substraten protokolliert. Insgesamt wurden 19 Versuche mit zusammen 152 Beobachtungen durchgeführt.

4. Charakteristik der Bäche

Entsprechend ihrer Größe und Wasserführung können alle untersuchten Gewässer als Bäche bezeichnet werden. In der limnologischen Zonierung nach Illies (1961), die sich hauptsächlich auf die Temperaturamplitude der Monatsmittel im Jahresverlauf stützt, liegen 2 Probestellen (Altendorfer Bach 1 und 2) im Epirhithral. In der fischereilichen Klassifizierung wäre dies die obere Forellenregion. Die überwiegende Zahl der Entnahmeorte liegt im Bereich des Metarhithrals, was in etwa der unteren Forellenregion entspricht. Die Probestellen 4 bis 8 an der Swist mit jahreszeitlich bedingten Temperaturdifferenzen von über 15° C sind dem Hyporhithral zuzuordnen. Fischereilich gesehen würde man diesen Bereich als Äschenregion bezeichnen. In letztere Zonen stoßen hier bereits Potamal (Fluß)- und Stillwasserelemente mit großer Toleranz gegenüber Temperaturschwankungen vor, z. B. Corixidae, Notonectidae, verschiedene Dytisciden und Cypriniden.

Insgesamt wurden in den Bächen des oberen Swistsystems, wozu neben dem namengebenden Gewässer noch der Morsbach, Ersdorfer Bach, Altendorfer Bach und Gelsdorfer Bach gehören, folgende 117 Taxa nachgewiesen:

Artenliste des oberen Swistsystems

Gastropoda:	*Ancylus fluviatilis* O. F. Müller
	Galba truncatula (O. F. Müller)
	Gyraulus albus (O. F. Müller)
	Physa fontinalis L.
	Radix peregra ovata (O. F. Müller)
Bivalvia:	*Pisidium* sp.
Oligochaeta:	Tubificidae
Hirudinea:	*Erpobdella octoculata* (L.)
	Glossiphonia complanata (L.)
	Haemopis sanguisuga L.
	Helobdella stagnalis (L.)
Ostracoda	
Malacostraca:	*Asellus aquaticus* (L.)
	Gammarus fossarum Koch
	Gammarus pulex (L.)
	Gammarus roeseli Gervais
	Niphargus sp.
Ephemeroptera:	*Baetis* spp.
	Cloeon dipterum L.
	Ecdyonurus venosus F.
	Ephemerella ignita Poda
	Habroleptoides modesta Hag.
	Habrophlebia lauta Etn.
	Paraleptophlebia submarginata Steph.
	Rhithrogena semicolorata Curt.
	Siphlonurus aestivalis Etn.

Plecoptera:	*Amphinemura* sp.
	Chloroperla tripunctata Scop.
	Isoperla rivulorum Pict.
	Nemoura cinerea Retzius
	Nemoura sp.
	Protonemura sp.
Odonata:	*Calopteryx splendens* (Harr.)
	Calopteryx virgo L.
	Enallagma cyathigerum Charp.
	Ischnura elegans (Lind.)
Megaloptera:	*Sialis fuliginosa* Pict.
	Sialis sp.
Planipennia:	*Osmylus fulvicephalus* Scop.
Rhynchota:	*Corixa dentipes* (Thoms.)
	Corixa punctata (Illig.)
	Hesperocorixa moesta (Fieb.)
	Hesperocorixa sahlbergi (Fieb.)
	Nepa cinerea L.
	Notonecta glauca L.
	Paracorixa concinna (Fieb.)
	Sigara dorsalis (Leach)
	Sigara lateralis (Leach)
	Sigara limitata (Fieb.)
	Sigara nigrolineata (Fieb.)
	Sigara striata (L.)
	Sigara sp.
	Velia caprai Tamanini
Coleoptera:	*Agabus biguttatus* (Ol.)
	Agabus bipustulatus (L.)
	Agabus congener (Thunb.)
	Agabus didymus (Ol.)
	Agabus paludosus (F.)
	Anacaena globulus (Payk.)
	Coelostoma orbiculare F.
	Dytiscus circumflexus (F.)
	Dytiscus marginalis L.
	Elmis maugetii Latr.
	Elmis sp.
	Haliplinus fluviatilis Aubé
	Helochares obscurus (Müll.)
	Helophorus asperatus Rey
	Helophorus sp.
	Hydraena belgica d'Orch.
	Hydraena gracilis Germ.
	Hydrobius fuscipes (L.)
	Hygrotus versicolor (Schall.)
	Ilybius fuliginosus (F.)

Laccobius minutus (L.)
Laccobius striatulus (F.)
Laccophilus minutus (L.)
Liaphlus laminatus Schall.
Limnius perrisi (Dufour)
Limnius volckmari (Panzer)
Neohaliplus lineatocollis Marsh.
Peltodytes caesus (Duft.)
Platambus maculatus (L.)
Rhantus notatus (F.)
Rhantus pulverosus (Steph.)
Stictotarsus duodecimpustulatus (F.)
Dytiscidae-Larven
Elminthinae-Larven
Hydrophilidae-Larven

Trichoptera: *Beraeodes minutus* L.
Glossosomatinae
Hydropsyche angustipennis Curt.
Hydropsyche sp.
Limnephilus lunatus Curt.
Limnephilidae
Polycentropus sp.
Rhyacophila sp.
Sericostoma sp.

Diptera: Ceratopogonidae
Chironomidae
Culicidae
Dicranota sp.
Dixidae
Ptychopteridae
Simuliidae
Tipulidae

Pisces: *Carassius auratus gibelio* (Bloch)
Gasterosteus aculeatus L.
Gobio gobio (L.)
Leucaspius delineatus (Heckel)
Noemacheilus barbatulus (L.)
Salmo trutta fario L.

Amphibia: *Rana esculenta* L. – *lessonae* Camerano

Aves: *Alcedo atthis* L.
Anas platyrhynchos (L.)
Ardea cinerea L.
Motacilla cinerea Tunst.

Mammalia: *Arvicola terrestris* L.
Ondatra zibethica (L.)

4.1 Swist

Probestelle S 1, nördlich Haus Schönberg gelegen, weist weitgehend natürliche Morphologie auf und ist beidseitig von Viehweiden eingefaßt. Auf der grasigen Böschung stehen vereinzelt Erlen, deren Wurzeln unterspült sind. Die Ufer sind z. T. durch Viehtritt zerstört.

Probestelle S 2 ist zwischen Holzweiler und Esch lokalisiert. Die Sohle dieses Bachabschnittes ist teilweise gepflastert, z. T. naturbelassen. Die Ufer werden von Weiden und Getreidefeldern eingefaßt. Reste eines Erlensaumes sind vorhanden. Die Baumwurzeln sind teilweise unterspült.

Probestelle S 3 liegt oberhalb Eckendorf. Der Bach ist hier vor ca. 50 Jahren begradigt worden. Vielfältige Strukturen (z. B. wechselnde Tiefe) haben sich sekundär wieder herausgebildet. Die Ufer werden von Obstplantagen und Weizenfeldern begleitet. Erlensaumreste sind vorhanden. Die Wurzeln der Bäume sind teilweise unterspült.

Probestelle S 4 befindet sich unterhalb der Burg Münchhausen. Der Bachlauf ist begradigt und stellenweise über 2 m tief eingeschnitten. Die Rasenböschung ist teilweise sehr steil und vereinzelt mit Bäumen und Büschen bestanden. An beiden Seiten des Gewässers ziehen sich Weiden und Weizenfelder entlang.

Probestelle S 5 liegt im Siedlungsbereich der Stadt Meckenheim. Die Swist ist begradigt, das Bachbett stark eingetieft. Auf der steilen Grasböschung stehen vereinzelt Pappeln. Rechts und links befinden sich Sportplätze und Parkanlagen. Das Areal wirkt sehr naturfern, z. T. liegt Schutt auf dem Gewässergrund. Dazwischen wachsen vereinzelt Pflanzen der Wasserpest (*Elodea* sp.).

Probestelle S 6 ist am Ortsausgang der Stadt Meckenheim gelegen. Das Bachbett ist begradigt und hat sich stellenweise über 3 m eingetieft. Die steile Böschung ist von Brennesseln überwuchert. Auf der Schulter wurzeln Erlen und Pappeln. Sekundär hat sich im Gewässer eine gewisse Strukturvielfalt mit wechselnden Tiefen, Strömungsgeschwindigkeiten und Zonen unterschiedlicher Substrate herausgebildet. Freigespülte Baumwurzeln ragen ins Wasser. Besonders im Uferbereich sind einzelne Pflanzen der Wasserpest zu finden. Obstplantagen und Baumschulen stoßen bis an die Ufer.

Probestelle S 7 befindet sich am Ortsausgang von Flerzheim. Die Swist ist an dieser Stelle 1975 begradigt worden. Die Gewässersohle wurde durch Basaltsteinschüttung befestigt. Die Steinschüttung ist heute teilweise durch Feinsedimentablagerungen überdeckt. Die steile Grasböschung wird von Weizen- und Rübenfeldern eingefaßt. Der Abschnitt macht einen kanalartigen Eindruck. Unterhalb der Probestelle leitet das Sammelklärwerk Flerzheim seine sehr stark belasteten Wässer ein.

Probestelle S 8 liegt zwischen Flerzheim und Morenhoven. Dieser Abschnitt ist ebenfalls 1975 ausgebaut worden. Das kanalartige Trapezprofil ist durch Basaltsteinschüttung befestigt worden. Neben der abgeschrägten Grasböschung mit vereinzelten Gehölzen ziehen sich Baumschulen, Weizen-, Gersten- und Zuckerrübenfelder entlang. Das Wasser riecht stark belastet.

In den folgenden Tabellen 3 und 4 werden biotopbeschreibende Merkmale der einzelnen Probestellen zusammenfassend dargestellt.

Ein Überblick über den Artenbestand und deren Verbreitung an den Probestellen (Tab. 5) der Swist zeigt, daß insbesondere Eintagsfliegen- (Ephemeroptera) und Steinfliegenarten (Plecoptera) sowohl nach Artenzahl als auch Individuendichte sehr stark unterrepräsentiert sind. Diese Erscheinung, die sich auch bei der Fischzönose widerspiegelt, ist nicht allein durch die gegenwärtige Wasserqualität und die Struktur des Gewässers, besonders in den Bereichen

Probestelle		S1	S2	S3	S4	S5	S6	S7	S8
Wassertiefe in cm		10–25	6–25	10–40	10–75	25	25–48	27	30
Strömungsgeschwindigkeit m/sec		0,2–0,5	0,4–0,7	0,15–1,05	0,2–0,7	0,3–0,5	0,2–0,8	0,3–0,5	0,6–0,8
Beschattungsgrad in %		50	75	70	30	0	60	0	0
Gewässersohle	Ton, Lehm	+	–	–	–	–	–	–	–
	Schlamm	–	+	+	+	–	+	+	+
	Sand	+	+	+	+	+	+	+	+
	Kies	+	+	+	+	+	+	–	–
	Steine	–	+	–	–	+	+	–	–
	Steinschüttung	–	+	+	–	–	–	+	+
submerse Vegetation	Fadenalgen	–	+	+	+	+	+	+	+
	Höhere Pflanzen	–	–	–	–	+	+	–	–

Tab. 3: Kennzeichnende Merkmale an den Probestellen der Swist

Probestelle	S1	S2	S3	S4	S5	S6	S7	S8
T°C	6,6–14,5	6,3–12,0	6,7–15,3	6,3–15,5	6,2–15,5	6,0–20,0	5,9–20,9	7,0–18,5
pH	6,9–7,7	7,2–7,7	7,3–7,5	7,8–8,1	7,8–8,3	7,7–8,5	7,7–8,3	7,7–7,8
NH4+ mg/l	0,2–3,0	0,6–6,0	<0,1–2,0	<0,1–0,2	<0,1–0,4	<0,1–1,0	<0,1–0,7	>10,0
O2 mg/l	7,5–11,4	5,8–10,7	6,5–11,6	10,0–11,8	10,5–12,9	10,2–13,2	8,4–12,2	4,9–7,8
O2-Sättigungsdefizit in %	3,7–35,0	9,4–49,5	5,5–43,7	0,0–17,9	0,0	0,0–14,8	7,1–11,0	33,2–48,2
O2-Zehrung 48 h mg/l	0,6–1,4	2,4–2,7	1,0–1,9	1,0–1,7	0,6–2,6	0,9–3,2	0,2–3,0	3,0–6,1
O2-Zehrung 48 h in %	6,1–18,7	22,4–46,6	8,6–29,2	8,5–16,8	5,2–24,8	8,3–24,2	2,4–26,1	36,6–79,6
°d KH	2,0–10,4	2,8–14,0	3,6–14,6	11,6–16,0	11,4–17,5	11,4–16,4	11,0–15,0	13,0–18,0
Güteklasse	II	II–III	II	II–III	II	II	II	III–IV

Tab. 4: Chemische, physikalische und biologische Kenndaten der Swist

Tab. 5: Fauna der Swist

| | Probestelle: | S1 | | | S2 | | | S3 | | | S4 | | | S5 | | | S6 | | | S7 | | | S8 | | | Saprobien-index |
	Jahreszeit:	F	S	H	F	S	H	F	S	H	F	S	H	F	S	H	F	S	H	F	S	H	F	S	H	
Gastropoda	Ancylus fluviatilis		O		O	O	O							O	O	O										1,35
	Galba truncatula		O														O									
	Gyraulus albus							O	O	O					O	O	O	O		O	◐					2,0
	Radix peregra ovata		O				O	O	O	◐	◐	O	◐	●	●	O	◐	O	●	●	◐	O	O	O	O	2,0
Bivalvia	Pisidium sp.	O		O	O		O	O		O				O			O			O	O	O	O			
Oligochaeta	Tubificidae		O	◐	O									O			O						●			
Hirudinea	Erpobdella octoculata		O		O	O	O	◐	O	O	O			O	O	O	◐	O	●	●	◐	O	◐	O	◐	3,0
	Glossiphonia complanata		O					O		O				O	O	O	◐	O	O	O	O					2,3
	Haemopis sanguisuga											O						O	O	O	O	O	O			1,7
	x Helobdella stagnalis		O											O	O			O	O							2,6
Ostracoda																				O	O					
Malacostraca	Asellus aquaticus					O	◐	O										O	◐							2,8
	Gammarus fossarum		◐	◐	O	O	O		◐		O		◐				O	◐		O	O					0,65
	Gammarus pulex	O	O	O	◐	O	O	O	◐		O	O	O	O			O	O		◐						
	Gammarus roeseli										O															2,25
Ephemeroptera	Baetis spp. (bes. häufig B. vernus)	O	◐	◐	O	●	●	O	◐	O	O	◐	O		O	◐		◐	O			O				2,25
	Cloeon dipterum														O	O	O									2,0
	Ephemerella ignita														O											1,95
	x Habrophlebia lauta		O																							1,55
Plecoptera	Nemoura cinerea	◐		O																						1,8
Odonata	Calopteryx splendens																		O							
	Calopteryx virgo																O									
	Enallagma cyathigerum																			O						1,5
	x Ischnura elegans																			O						1,5
Megaloptera	x Sialis fuliginosa		O																							
	Sialis sp.	O	O					O																		
Planipennia	Osmylus fulvicephalus																O									
Rhynchota	Corixa dentipes	O																								
	Corixa punctata																			O	O					
	Hesperocorixa moesta																						O			
	Hesperocorixa sahlbergi																O									
	Nepa cinerea	O																								
	Notonecta glauca	◐	O														O			O	O	O				
	Sigara nigrolineata	◐	◐																							
	Sigara striata																			◐	O					
	Sigara sp.		O																							
	Velia caprai	O							O					O	◐											
Coleoptera	Agabus bipustulatus		O																							
	x Coelostoma orbiculare	O																								
	x Dytiscus circumflexus																			O						
	Dytiscus marginalis																			O	O					
	Haliplinus fluviatilis																			O						
	Helophorus sp.		O																	O						
	Hydraena gracilis	O																								
	Hydrobius fuscipes.	O																								
	Hygrotus versicolor																			O						
	Ilybius fuliginosus	O																		O						
	Laccophilus minutus																						O			
	Liaphlus laminatus											O								O	O					
	Limnius perrisi										O															
	Limnius volckmari										O	O									O					
	Neohaliplus lineatocollis																			O	O					
	Peltodytes caesus		O					O	O					O	O		O			O	O		O			
	Platambus maculatus							O																		
	Stictotarsus duodecimpustulatus																O									
	Dytiscidae-Larven		O		O	O		O	O					O			O			O	O					
	Elminthinae-Larven							O																		
	Hydrophilidae-Larven		O																							
Trichoptera	x Beraeodes minutus	O	O																							
	x Hydropsyche angustipennis	O																								
	Hydropsyche sp.	O	O	O		O	O	O	O		O	O		O			O									1,95
	x Limnephilus lunatus	O				O	O																			
	Limnephilidae	◐	O	◐	O		O				O															
	Polycentropus sp.					O																				
Diptera	Ceratopogonidae	O		O	O		O					O														
	Chironomidae	◐	●	◐	◐	◐	◐	◐	●	●	O	O	◐	●	◐	O	O	◐	O	●	◐	●	◐	●	●	
	Culicidae	O	O		O	O		O	O		O			O			O			O		O				
	Dicranota sp.	O															O									
	Simuliidae	◐	O	O	O	◐	O		O					O	O											1,15
	Tipulidae	O		O		◐	O	O	O	◐		O	O	O			O			O	O					
Pisces	Carassius auratus gibelio													O			O	O	O	O						
	Gasterosteus aculeatus							O	◐	O	O	O	O	O	◐	O	O	O	◐	O						
	Gobio gobio																O	O								2,25
	Leucaspius delineatus																◐	O	◐	◐						
	Noemacheilus barbatulus	O	◐	◐	O	O	O	O	O	◐	O	◐	O	●	◐	O	◐	O	◐	O	◐	O				2,0
Amphibia	Rana esculenta —lessonae																				O					
Aves	Alcedo atthis																O									
	Anas platyrhynchos																O	O		O						
	Ardea cinerea																O	O								
	Motacilla cinerea																O	O		O	O					
Mammalia	Ondatra zibethica																O			O						
Taxa insgesamt	73		31			20			26			15			23			32			40			10		

F = Frühjahr
S = Sommer
H = Herbst

O = wenig
◐ = mittel
● = viel

x = Nachweis durch Nolden (1984)

S 5−6, zu erklären, hier müssen starke Schadeinflüsse in allerjüngster Vergangenheit den Schlüssel für das Verständnis liefern.

Stellt man die Gesamtartenzahlen der Individuendichte der Bachschmerle *(Noemacheilus barbatulus)* an den verschiedenen Probestellen gegenüber (Abb. 5), so zeigt sich bei S 1−S 3, daß Artenzahl und Besiedlungsdichte korreliert sind. Bestimmender Faktor für den Rückgang der Artenvielfalt in Strömungsrichtung ist der Belastungszustand der Bachabschnitte mit abbaubaren Substanzen. Diese entstammen verschiedenen Quellen. Zunächst ist die Kläranlage Kalenborn oberhalb S 1 zu nennen. Hier wird das Schmutzwasser über eine knapp

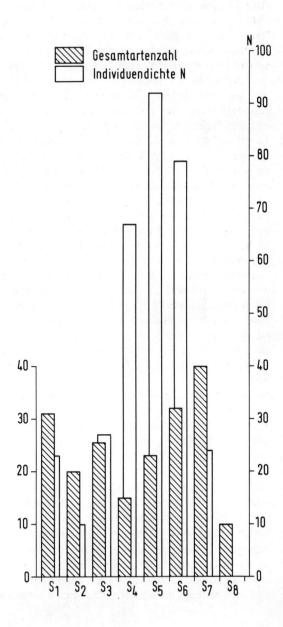

Abb. 5:
Gegenüberstellung Gesamtartenzahl und Individuendichte (N) der Bachschmerle im Sommer an den Probestellen der Swist ($S_1 - S_8$)

21

300 m lange Rohrleitung direkt in das Quellgebiet der Swist geleitet. Die dort vorhandene „sogenannte Kläranlage" ist nach heutigen Erkenntnissen total veraltet. Nach Angaben der Verbandsgemeinde ist der Anschluß an eine moderne Kläranlage geplant (Generalanzeiger vom 17. 5. 1984).

Bis zum Ende der hier vorgelegten Untersuchungen leiteten außerdem die Gemeinden Esch oberhalb S 2, Holzweiler und Vettelhoven unzureichend geklärte Abwässer ein. Anschluß an die Verbandskläranlage Flerzheim steht nach Angaben des Abwasserzweckverbandes „Obere Swist" unmittelbar bevor.

Ab S 4 ist eine offenkundige Verbindung Artenzahl − Besiedlungsdichte der Bachschmerle nicht zu erkennen. Neben S 8 findet sich hier die geringste Artenzahl, jedoch ein starker Bestand der Schmerle. Der Erklärung dieses Phänomens hilft die Aufgliederung der Bevölkerungsstruktur der örtlichen Fischpopulation (Abb. 6). Stellt man die Sammelpunkte S 4 und S 6 in der Grafik gegenüber, zeigt S 6 eine Population mit ungestörtem Altersaufbau, während sich bei S 4 ein gestörtes Gefüge erweist. Die 0-sömmerige (diesjährige) Generation fehlt hier fast vollständig. Das bedeutet, die Bachschmerle reproduziert nicht oder nur in sehr geringem Maße. Die Population ist also auf Zuwanderung, z.B. aus dem in der Nähe einmündenden Altendorfer Bach, angewiesen. Die Ursachen dieser Störung sind aus den Tabellen 3 und 4, die den Chemismus und die Strukturelemente darstellen, nicht ersichtlich. Es zeigt sich jedoch zur kalten Jahreszeit die ausgedehnte Bildung von „Abwasserpilzpolstern" (Sphaerotilus sp.). Diese können sich nur bei Anwesenheit von schnell abbaubaren organischen Abwässern entwickeln. Offenbar gelangen aus oberhalb gelegenen landwirtschaftlichen Betrieben stoßweise Einleitungen in den Bach (vgl. Nolden 1984). Bei den chemischen Analysen wurden diese Abwasserwellen nicht erfaßt, die biologische Gütebestimmung zeigt ihre faunenverarmende Wirkung aber eindeutig. Bei S 7 findet sich die höchste Artenzahl, während die Besiedlungsdichte der Bachschmerle abnimmt. Die Zunahme der Artenzahl beruht in erster Linie auf dem vermehrten Erscheinen von Einzelindividuen flugfähiger Arten langsam fließender und stehender Gewässer wie verschiedener Wasserkäfer (Dytiscidae) und Wasserwanzen (Corixidae). Mit den diesen Lebensraum beschreibenden Merkmalen wie schwache Strömung, Schlammsedimentation und relativ hohe Temperaturmaxima (20,9° C) verschlechtern sich die Lebensbedingungen für die Bachschmerle, wenngleich die physikalischen und chemischen Kenngrößen dieser Probestelle noch nicht den Grenzwert zum Überleben der Art darstellen. Es mangelt hier zudem an Strukturelementen der Fließgewässeroberläufe wie Kies- und Steinflächen (s. Tabellen 3 und 4).

Absolute Besiedlungsschranken sind die stark belasteten Abwässer der Kläranlage Flerzheim. Die Populationen der Bachschmerle (Noemacheilus barbatulus), des Dreistachligen Stichlings (Gasterosteus aculeatus), des Moderlieschens (Leucaspius delineatus) und des Giebels (Carassius auratus gibelio) stoßen bis unmittelbar an die Abwasserfahne vor und markieren ihren geschwungenen Verlauf. Die Grenze wird jedoch nicht überschritten (Abb. 7).

Die Giftwirkung der Abwässer bei S 8 trifft unterschiedslos alle Taxa mit Ausnahme weniger resistenter Arten. Einigermaßen häufig bleiben lediglich rote Chironomidenlarven sowie der Egel Erpobdella octoculata. Die übrigen acht Arten wurden nur in Einzelexemplaren nachgewiesen. Bei ihnen handelt es sich im wesentlichen um verdriftete Individuen.

Addierend zu der sehr schlechten Wasserqualität kommt als Folge des kanalartigen Ausbaus der Mangel an Strukturelementen hinzu (s. Tab. 3). Das Trapezprofil ist mit Basaltsteinschüttung ausgekleidet, deren Hohlräume mit Schlamm und Sand verfüllt sind, als Siedlungsraum also auch bei besserer Wasserbeschaffenheit ausfallen müssen.

Die Bachschmerle ist seit 1983 in unterschiedlicher Bestandsstärke im gesamten Verlauf der Swist von S 1–S 7 zu finden. Wilhelm (1964) stellte im Gegensatz dazu bereits in den Jahren 1956/1957 bei S 6 und S 7 das Erlöschen der Schmerlenpopulation fest. Als Grund wurde die Einleitung stark belasteter Abwässer aus der Rübenkrautfabrik und der damaligen Kläranlage Meckenheim angegeben. Im Bachwasser traten Ammoniumwerte bis zu 16,0 mg/l auf. Im Vergleich dazu liegen heute die Werte an diesen Probestellen bei maximal 1 mg/l. Die Minima des Sauerstoffgehaltes lagen hier zwischen 1,0 und 5,0 mg/l, während in den Jahren 1983, 1984 die gemessenen Werte nicht mehr unter 5,8 mg/l sanken (s. Tab. 4).

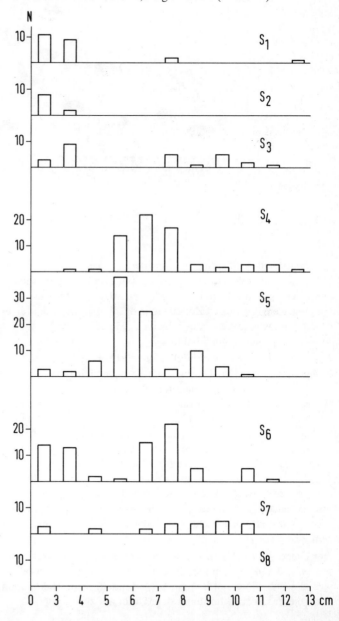

Abb. 6:
Individuenzahl und
Totallänge (cm) der zum
Sommer in der Swist
($S_1 - S_8$) gefangenen
Bachschmerlen

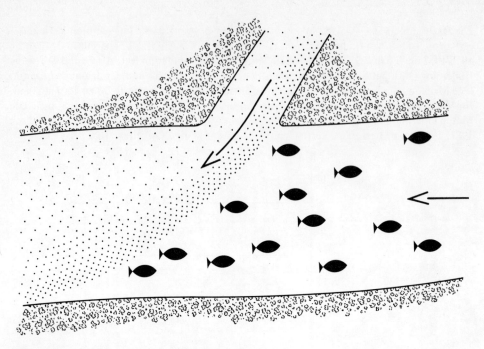

Abb. 7: Fischbesiedlung bei S 7 vor einer Abwasserfahne

Der Dreistachlige Stichling *(Gasterosteus aculeatus)* besiedelt die Swist von S 4 bis S 7. Alle geeigneten Habitate, d. h. langsam fließende und stagnierende Bereiche in der Uferzone und in Kolken werden bewohnt. Besonders attraktiv sind für diese an unterschiedliche Umweltbedingungen angepaßte Art Zonen mit in das Wasser ragender terrestrischer Vegetation. Diese liefert denn auch neben Fadenalgen das Material zum Nestbau der ♂ ♂. Schwerpunkte des Vorkommens liegen bei S 6 und S 7.

Das Moderlieschen *(Leucaspius delineatus)* konnte bei S 6 und S 7 in z. T. großen Schwärmen nachgewiesen werden. Dieser Fisch ist eigentlich typisch für kleinere, flache Weiher mit Schilfgürteln. An den genannten Probestellen besiedelt er tiefere, langsam fließende Bereiche mit in das Wasser ragenden Gräsern in der Uferzone. Die Grasstengel können der brutpflegenden Art als Laichsubstrat dienen. Revierbildende ♂ ♂ wurden beobachtet. Ihre Feststellung ist relativ einfach, da das ♂ ständig lebhaft das Zentrum seines Reviers, das meist von einem oder mehreren Schilf- bzw. Grasstengeln markiert wird, umkreist und alle anderen Tiere verjagt. Die ♂ ♂ entwickeln zur Laichzeit außerdem nach Art anderer Cypriniden einen allerdings nur im Aquarium gut zu erkennenden Laichausschlag. Neben der Verteidigung des Reviers gegen Artgenossen besteht die Brutpflege auch darin, daß Schnecken, die ja auch Fischlaich fressen, vom Gelege durch Anstoßen mit dem Maul entfernt werden. Diese meines Wissens bisher noch nicht beschriebene Verhaltensweise konnte mehrfach beobachtet werden.

Der Giebel *(Carassius auratus gibelio)*, oft mit der Karausche *(Carassius carassius)* verwechselt, von dieser aber eindeutig durch sein dunkles Bauchfell zu unterscheiden, wurde in wenigen Individuen bei S 6 und S 7 gefunden. Sein Vorkommen charakterisiert zumindest Teile dieser Bachabschnitte als dem Unterlauf zugehörig.

Bei S 6 wurde eine kleine Population des Gründlings *(Gobio gobio)* festgestellt. Auch diese Art ist typisch für langsam fließende Bäche der Ebene mit tieferen Kolken, benötigt zur Fortpflanzung aber auch überströmte Kiesbänke. Es bleibt abzuwarten, ob dieser Restbestand die Kraft hat, verloren gegangene Areale wieder zu besiedeln.

Das von Wilhelm (1964) berichtete Vorkommen der Ellritze *(Phoxinus phoxinus)* konnte nicht mehr bestätigt werden. Die Art muß in der Swist als ausgestorben gelten. Das gleiche gilt für die Bachforelle *(Salmo trutta fario)*, deren früheres Vorkommen von älteren Anwohnern immer wieder versichert wurde. Es ist außerdem wahrscheinlich, daß ursprünglich die Groppe *(Cottus gobio)* im Oberlauf des Baches lebte, auch sie wurde nicht mehr nachgewiesen. Weiterhin ist der frühere Bestand an Flußkrebsen *(Astacus astacus)* (s. Wilhelm 1964) sowie der Großmuscheln *Anodonta cygnea, Unio crassus* und *Unio pictorum,* die subfossil nachgewiesen werden konnten, als erloschen anzusehen. Verantwortlich hierfür waren und sind in erster Linie die unterschiedlich starke Belastung der Swist durch kommunale Abwässer und durch Einschwemmungen von belastenden Stoffen aus landwirtschaftlichen Nutzflächen sowie strukturelle Veränderungen als Folge von Ausbau- und Unterhaltungsmaßnahmen. Bemerkenswert im Rahmen der aktuellen, positiven Entwicklung der Gewässergüte des Baches ist das Wiederauftreten von Graureiher *(Ardea cinerea)* und Eisvogel *(Alcedo atthis)* an einigen Probestellen.

In Abb. 6 wurden die Augustfänge 1983 der Bachschmerle an sämtlichen Probestellen der Swist nach Individuenzahl und Körperlänge aufgegliedert. Da diese Art in der Swist zwischen Ende Mai und August reproduziert, läßt sich jetzt relativ einfach der unmittelbare Nachweis der Fortpflanzung führen.

Bei S 1 wurden 23 Tiere gefangen, wovon 20 Individuen unter 3 cm Gesamtlänge, also diesjährig waren. Die Bachschmerle reproduziert hier also erfolgreich, wenn auch keine hohe Populationsdichte erreicht wird.

Bei S 2 finden sich nur 10 Jungtiere. Das Fehlen von Adulten zeigt, daß hier keine sich selbst erhaltende Population existiert. Das Auftauchen der kleinen Individuen kann durch Wanderbewegung aus dem Oberlauf erklärt werden. Die zumindest zeitweise schlechte Wasserqualität verhindert (s. Tab. 4) die Bildung einer ortsansässigen Fischgemeinschaft.

Bei S 3 finden sich 27 Schmerlen verschiedener Generationen. Die trotz weitgehend natürlicher Strukturverhältnisse im Bachbett individuenschwache Population pflanzt sich offenbar fort, der schädigende Einfluß von Abwässern oberhalb liegender Ortschaften ist aber unverkennbar.

Die Verhältnisse bei S 4 wurden bereits oben diskutiert.

Bei S 5 treffen wir mit 92 Fängen auf eine sehr dichte Besiedlung. Diesjährige Jungtiere sind aber nur mit sehr wenigen Individuen vorhanden. Da in diesem begradigten Abschnitt langsam fließende Bereiche mit sandigem Untergrund nur schwach vertreten sind, fehlen also die bevorzugten Habitate der juvenilen Schmerlen weitgehend.

Bei S 6 findet sich mit 79 Tieren ein guter Schmerlenbestand mit allen Altersstufen. Gute Wasserqualität und Strukturreichtum des Bachbettes machen diese Probestelle zum idealen Lebensraum für die Art.

Ab S 7 verschlechtern sich die Lebensbedingungen für Bachschmerlen (27 Individuen) wie bereits oben beschrieben. Fortpflanzung findet nur noch in geringem Maße statt, da das geeignete Laichsubstrat, also Kies- und Sandzonen, durch Steinschüttung und Feinsedimentablagerungen überdeckt ist. Diese Population wird wohl im wesentlichen durch Zuwanderung von oberhalb erhalten.

S 8 fällt durch seine schlechte Wasserqualität als Lebensraum für Fische völlig aus.

4.2 Gelsdorfer Bach

Der Bach entspringt im Altendorfer Wald am östlichen Eifelhang bei 300 m ü. NN und mündet nach ca. 6 km Fließstrecke oberhalb Kempermühle bei 180 m ü. NN in die Swist. Das stärkste Gefälle liegt bachaufwärts des ersten Entnahmeortes.

Probestelle G 1 liegt südwestlich Gelsdorf oberhalb einer Straßenunterquerung. Der Abschnitt ist streckenweise begradigt, weist aber sekundär naturnahe Ufer- und Sohlenstrukturen auf. Die Ufer werden von Weiden, Weizen- und Rübenfeldern eingefaßt. An der flachen Böschung stehen vereinzelt Obstbäume und Erlen. Terrestrische Vegetation ragt stellenweise in das Wasser hinein.

Probestelle G 2 befindet sich nordöstlich von Gelsdorf. Auch dieser Abschnitt ist vor längerer Zeit begradigt worden, hat aber heute wieder stellenweise unterspülte Uferbereiche und Zonen unterschiedlicher Sedimentsortierung (Tab. 6). Auf der Schulter der steilen Grasböschung wurzeln vereinzelt Weiden, Erlen, Schwarzer Holunder und Obstbäume. Der Bach wird beiderseits von Äckern begleitet.

Bei G 1 ist der Gelsdorfer Bach gering belastet. Die Probestelle wird charakterisiert durch das Vorkommen zweier Steinfliegenarten sowie das Auftreten von an reines Wasser gebundenen Eintagsfliegenarten wie *Ecdyonurus venosus* (Saprobienindex 1,15) und *Rhithrogena semicolorata* (Saprobienindex 0,3). Der mehrmalige Nachweis des grundwasserbewohnenden Krebses *Niphargus* sp. zeigt, daß dieser Bachabschnitt zumindest zeitweise mit dem Grundwasser in Verbindung steht (s. Tab. 8).

Probestelle		G1	G2
Wassertiefe in cm		7—15	5—18
Strömungsgeschwindigkeit m/sec		0,1—0,3	0,1—0,35
Beschattungsgrad in %		100	60
Gewässersohle	Ton, Lehm	+	+
	Schlamm	−	+
	Sand	+	+
	Kies	+	+
	Steine	+	−
	Steinschüttung	−	−
submerse Vegetation	Fadenalgen	−	+
	Höhere Pflanzen	−	−

Tab. 6: Kennzeichnende Merkmale an den Probestellen des Gelsdorfer Baches

Probestelle	G1	G2
T°C	6,0–15,3	6,2–17,3
pH	7,5–8,0	7,7–8,4
NH_4^+ mg/l	< 0,1	< 0,1–1,0
O_2 mg/l	9,6–12,0	8,9–11,7
O_2-Zehrung 48 h mg/l	0,4–1,1	0,8–1,9
O_2-Sättigungsdefizit in %	5,1–19,7	0–25,3
O_2-Zehrung 48 h in %	4,2–9,2	7,4–21,3
°d KH	3,9–5,4	4,4–11,6
Güteklasse	I–II	II

Tab. 7: Chemische, physikalische und biologische Kenndaten des Gelsdorfer Baches

Bei G 2 verschlechtert sich die Gewässergüte auf II (Tab. 7). Es wurden Ammoniumwerte bis 1,0 mg/l gemessen. Aber auch hier finden sich noch regelmäßig und z. T. in recht hoher Abundanz Reinwasserbewohner wie *Rhithrogena semicolorata*. Die Artenzahl ist, verglichen mit den Fundstellen der oberen Swist, gering. Dies ist auf die Nachwirkung verödender Abwässer der Gemeinde Gelsdorf zurückzuführen. Ab Ende 1982 werden diese jedoch der Verbandskläranlage in Flerzheim zugeführt, so daß ihr schädigender Einfluß nur noch indirekt zu spüren ist. Der Bereich unterhalb des Ortes konnte innerhalb relativ kurzer Zeit sogar von einigen bereits genannten anspruchsvollen Arten besiedelt werden.

Insgesamt wird der Bach jedoch von wenigen Arten bewohnt. Dies ist im Oberlauf vermutlich auf die lange, abwasserbedingte Isolation und eventuell sporadische Einschwemmungen von Schadsubstanzen sowie düngenden Stoffen aus den landwirtschaftlichen Nutzflächen zurückzuführen. Bei der chemischen Analyse in der fließenden Welle wurden diese aber nicht erfaßt. Ab Gelsdorf kamen permanente Einleitungen kommunaler Abwässer hinzu, die den Oberlauf über Jahrzehnte räumlich abtrennten. Zumindest der Verlust von ausschließlich wasserlebenden, gegen Verschmutzung empfindlichen Arten konnte durch Zuwanderung von unterhalb nicht kompensiert werden. Nach Wegfall der hemmenden Abwasserschwellen kann eine weitere positive Entwicklung erwartet werden. Auffällig ist das Fehlen jeglichen Fischvorkommens. Dies ist weder durch die Bachgestalt, die Wasserführung noch durch die Wasserqualität zu erklären. Die isolierende Wirkung der Abwassereinleitung war gegen Untersuchungsende schon zwei Jahre nicht mehr wirksam, so daß dieser Mechanismus ebenfalls für das Fehlen etwa der Bachschmerle nicht verantwortlich zu machen ist. Ähnliche Beobachtungen wurden auch an anderen Nebenbächen der Swist gemacht. Diese Erscheinung soll später in Abschnitt 6.7 im Zusammenhang weiter diskutiert werden.

Probestelle:		G1			G2			Saprobien-
Jahreszeit:		F	S	H	F	S	H	index
Bivalvia	Pisidium sp.	○	○			○		
Hirudinea	Erpobdella octoculata	○		○	○	○	○	3,0
	Glossiphonia complanata		○					2,3
Ostracoda				○				
Malacostraca	Gammarus fossarum	○	●	○	○	○		0,65
	Gammarus pulex	●	◒	○	●	●	●	
	Niphargus sp.	○		○				0,1
Ephemeroptera	Baetis spp.	◒	◒	◒	○	◒	○	
	Ecdyonurus venosus			○		○	○	1,15
	Habroleptoides modesta					○		1,05
	Rhithrogena semicolorata	○				◒		0,3
	Siphlonurus aestivalis	○						2,0
Plecoptera	Amphinemura sp.	○						
	Nemoura cinerea	○						1,8
	Protonemura sp.				○			
Rhynchota	Hesperocorixa sahlbergi				○			
	Notonecta glauca				○	○		
	Sigara limitata					○		
	Velia caprai	○	◒	◒				
Coleoptera	Agabus biguttatus				○	○		
	Agabus paludosus					○		
	Anacaena globulus		○					
	Elmis maugetii	○						1,55
	Helophorus asperatus	○						
	Hydraena belgica	○						
	Ilybius fuliginosus		○			○		
	Limnius volckmari			○				
	Dytiscidae-Larven	○				◒		
	Elminthinae-Larven	○		○				
	Hydrophilidae-Larven	○	○					
Trichoptera	Hydropsyche sp.		○					1,95
	Limnephilidae	◒	○		○			
	Polycentropus sp.	○		○				
Diptera	Chironomidae	◒	◒	◒	◒	◒	◒	
	Culicidae	◒			○	○		
	Dicranota sp.	○	○			○		
	Dixidae		○					
	Ptychopteridae		○	○				
	Simuliidae	◒	○			○		1,15
Taxa insgesamt	36	29			21			

Tab. 8: Fauna des Gelsdorfer Baches (Zeichen s. Tab. 5)

4.3 Altendorfer Bach

Die Quellbäche des Altendorfer Baches entspringen im Bereich Hilberath – Todenfeld am östlichen Eifelhang zwischen 350 und 390 m ü. NN. Nach einer Fließstrecke von fast 10 km mündet er bei 175 m ü. NN westlich von Burg Münchhausen in die Swist. Das größte Gefälle hat der Bach bis zur Ortschaft Altendorf unterhalb Probestelle A 2 durchlaufen.

Probestelle A 1 liegt direkt unterhalb des Zusammenflusses der Quellbäche nordwestlich von Hilberath. Es findet sich hier die typische Ausprägung eines Mittelgebirgsbaches, der mäandrierend durch ein enges, bewaldetes Tal fließt. Der Abschnitt weist vielfältige Substrat-, Strömungs- und Tiefenverhältnisse auf. Direkt am Ufer stehen wechselnd Erlen und Fichten. In das Gewässer ragende Wurzeln sind teilweise unterspült. Der Lauf wird stellenweise durch umgestürzte Bäume und sich ansammelndes Treibholz aufgestaut.

Probestelle A 2 befindet sich zwischen Haus Schönseifen und der Ortschaft Altendorf. Die Charakteristik dieses Abschnittes entspricht der bei A 1. Die Ufer werden von einem Erlensaum eingefaßt. Oberhalb des den Bach begleitenden Schluchtwaldes schließen sich beidseitig Obstplantagen an.

Probestelle A 3 ist nordöstlich von Altendorf gelegen. Der Bach hat hier eine Ortspassage hinter sich. Vor längerer Zeit fand eine Begradigung statt, Ufer und Sohle wurden jedoch nicht befestigt, so daß sich in diesem grabenartig eingetieften Abschnitt sekundär ein gewisser Strukturreichtum bezüglich der Sedimente, Wassertiefe und Strömungsgeschwindigkeit einstellen konnte. An die teils mit Gras und Brennesseln bewachsene Böschung schließen sich Obstplantagen an. Das Gewässer zeigt hier und an den folgenden Untersuchungspunkten den Charakter eines Niederungsbaches in der Agrarlandschaft.

Probestelle A 4 ist ähnlich wie die vorige begradigt und grabenartig eingetieft. Unterschiedliche Substratverhältnisse, Wechsel in Tiefe und Strömung haben sich sekundär herausgebildet. Der Abschnitt wird durch Pappeln, Erlen und Obstbäume auf der Böschungsschulter stark beschattet, so daß sich hier kaum Gräser und Kräuter am Gewässerrand entwickeln konnten. Dieser Bachabschnitt wird von Äckern eingefaßt.

Probestelle A 5 liegt östlich der Landstraße zwischen Meckenheim und Gelsdorf. Die Zone ist in jüngster Zeit ausgebaut, das Trapezprofil des Abschnitts mit Steinschüttung befestigt worden. Stellenweise wurde der Schotter nach dem starken Hochwasser im Frühjahr 1984 stromabwärts verfrachtet, so daß blanke Ton-Lehm-Bänke an die Oberfläche traten. Die Ausbaumethode zeigte hier also offensichtliche Mängel. Auf der Grasböschung wurden insbesondere Erlen gepflanzt, die in der Zukunft das Ufer stabilisieren können. Das Umland wird ackerbaulich genutzt.

Probestelle A 6 oberhalb der Einmündung in die Swist ist ebenfalls erst vor kurzer Zeit ausgebaut worden. Diese begradigte und durch Schotter gesicherte Strecke fließt parallel zu einem Autobahnstück und wird auf der anderen Seite von einem Feldweg eingefaßt. Die abgeschrägte, grasige Böschung des Trapezprofils ist vorwiegend mit Erlen und Ahorn frisch bepflanzt. Gräser und Kräuter wachsen weit in das offene Wasser hinein. Insgesamt macht dieser Teil des Baches einen sehr naturfernen Eindruck.

Entsprechend seiner morphologischen und chemisch-physikalischen Charakteristik (Tab. 9, 10) ist die Probestelle A 1 mit 28 nachgewiesenen Arten der faunistisch reichste Abschnitt des Altendorfer Baches. Besonders ausgezeichnet wird diese Stelle gegenüber allen anderen Bereichen des oberen Swistsystems durch ihre vergleichsweise reiche Plecopterenfauna (Tab. 11). Bei den Steinfliegen handelt es sich überwiegend um Arten, die sehr hohe Ansprüche an die Qualität des Wassers stellen. Eine Ausnahme bildet hier *Nemoura cinerea*, die durchaus noch in verschmutzten Gewässern mit periodischem Sauerstoffmangel existieren kann (Illies

Probestelle		A1	A2	A3	A4	A5	A6
Wassertiefe in cm		10—25	9—30	12—23	12—40	9—20	22
Strömungsgeschwindigkeit m/sec		0,2—0,5	0,2—0,5	0,17—0,35	0,1—0,3	0,1—0,6	0,25
Beschattungsgrad in %		100	100	40	80	0	0
Gewässersohle	Ton, Lehm	+	—	—	+	—	—
	Schlamm	+	—	+	—	+	+
	Sand	+	+	—	+	+	—
	Kies	+	+	+	+	+	—
	Steine	+	+	+	+	—	—
	Steinschüttung	—	—	—	—	+	+
submerse Vegetation	Fadenalgen	—	—	+	+	+	+
	Höhere Pflanzen	—	—	—	—	—	—

Tab. 9: Kennzeichnende Merkmale an den Probestellen des Altendorfer Baches

Probestelle	A1	A2	A3	A4	A5	A6
T°C	4,5—14,0	4,2—13,5	4,0—15,5	4,1—13,5	8,8—19,0	6,5—17,0
pH	6,7—7,7	6,7—7,7	6,8—8,6	7,2—8,1	7,5—8,5	7,9—8,4
NH_4^+ mg/l	0,1—0,2	<0,1—0,1	0,1	<0,1—0,1	<0,1—0,1	0,1
O_2 mg/l	8,6—11,8	9,3—12,1	11,2—13,9	8,3—12,3	11,6—14,6	11,2—12,9
O_2-Sättigungsdefizit in %	8,6—30,9	11,5—24,4	0,0—9,4	3,6—21,0	0,0—0,6	0,0—9,4
Zehrung 48 h mg/l	0,3—2,4	0,2—2,2	0,1—1,7	0,5—2,0	0,2—1,2	0,9—1,3
O_2 -Zehrung 48 h in %	3,2—27,9	2,1—23,7	0,7—14,3	4,2—16,3	1,7—8,2	7,0—11,6
°d KH	1,8—8,2	3,4—8,5	2,9—10,4	3,4—10,5	8,0—14,4	10,6—15,2
Güteklasse	I-II	II	II	II	II	II

Tab. 10: Chemische, physikalische und biologische Kenndaten des Altendorfer Baches

1952). Obwohl bei Hilberath Abwässer der dortigen Kläranlage in den Bach geraten, hat sich die Gewässergüte, insbesondere durch Zufluß zweier unbelasteter Nebenbäche, auf einem guten Niveau eingestellt (Tab. 10). Schon bei A 2 sinkt die Artenzahl auf 22 ab. Besonders auffällig ist das völlige Verschwinden aller Steinfliegenarten, der Bachforelle und das Auftreten der Egel *Erpobdella octoculata* und *Glossiphonia complanata*. Beide Erscheinungen sind Anzeichen für die Verschmutzung des Wassers durch organische, abbaubare Stoffe.

Permanente Einleitung von Abwässern, Jauche, zwischen A 1 und A 2 liegt offenbar nicht vor; sie konnte zumindest bei den punktuellen chemischen Messungen in der fließenden Welle nicht festgestellt werden (Tab. 10). Die biologische Analyse zeigt hingegen deutlich derartige Einflüsse, so daß von periodischen Belastungszuständen z. B. durch überfließende Jauchegruben ausgegangen werden kann.

Bei A 3 ändert sich die Charakteristik des Altendorfer Baches. Ab hier bis zur Einmündung in die Swist ist er dem Metarhithral, also vergleichsweise der unteren Forellenregion, zuzuordnen. Der Wechsel in der Zone dokumentiert sich deutlich in einer Faunenverschiebung, die primär nicht durch Änderungen des Wasserchemismus verursacht wird. Neben den Steinfliegen verschwinden die Köcherfliegen völlig, verschiedene Eintagsfliegen treten ebenfalls nicht mehr auf.

| | Probestelle: | A1 | | | A2 | | | A3 | | | A4 | | | A5 | | | A6 | | | Saprobien-index |
	Jahreszeit:	F	S	H	F	S	H	F	S	H	F	S	H	F	S	H	F	S	H	
Gastropoda	Ancylus fluviatilis							○			○			○						
	Galba truncatula											○		○						
	Gyraulus albus																○	○		2,0
	Radix peregra ovata								○		○				○		●	◐	◐	
Bivalvia	Pisidium sp.		○																○	
Oligochaeta	Tubificidae							○			○									
Hirudinea	Erpobdella octoculata					○	○	◐	◐	◐	◐	◐	◐	○	○		○	○		3,0
	Glossiphonia complanata					○	○				○	○								
Malacostraca	Asellus aquaticus														○				○	2,8
	Gammarus fossarum	●	●	●	●	●	●												○	0,65
	Gammarus pulex					○	○	○	○	○	○				○					
Ephemeroptera	Baetis spp.	●			●	●	◐	○	●	◐	●	○			○		○	○	○	2,15
	Ecdyonurus venosus		○	◐	○	○														1,15
	Habroleptoides modesta				○															1,05
	Paraleptophlebia submarginata				○															1,5
	Rhithrogena semicolorata	●			○	●	○	○						○						0,3
Plecoptera	Amphinemura sp.	○																		
	Chloroperla tripunctata	○																		
	Isoperla rivulorum	○																		0,3
	Nemoura cinerea	○																		1,8
	Nemoura sp.		○																	
	Protonemura sp.	○																		
Megaloptera	Sialis sp.	○			○	○	○													
Rhynchota	Corixa punctata													○						
	Notonecta glauca								○											
	Paracorixa concinna											○								
	Sigara dorsalis													○						
	Sigara lateralis																○			
	Sigara striata													○						
	Velia caprai					◐						○								
Coleoptera	Agabus biguttatus							○												
	Agabus congener							○												
	Anacaena globulus							○			○									
	Elmis maugetii	○	○		○	○		○												1,55
	Elmis sp.		○																	
	Helophorus sp.		○					○												
	Hydraena belgica	○	○					○			○									
	Ilybius fuliginosus							○												
	Laccobius minutus														○					
	Laccobius striatulus														○			○		
	Limnius volckmari																	○		
	Neohaliplus lineatocollis													○						
	Rhantus notatus														○					
	Dytiscidae-Larven	○			◐															
	Elminthinae-Larven	○			◐			○												
Trichoptera	Glossosomatinae		○																	
	Hydropsyche sp.	○	○		○												○	○		1,95
	Limnephilidae	○	○		●	○	○					○			○					
	Polycentropus sp.	○			○															
	Rhyacophila sp.	○			○	○	○													
	Sericostoma sp.				○															
Diptera	Ceratopogonidae											○								
	Chironomidae	◐	◐		◐	◐	◐	○	●	◐	◐	●	◐	◐	◐	◐	◐	◐	◐	
	Culicidae	○							○		○	○		○				○		
	Dicranota sp.	○	○		○	○														
	Dixidae		○																	
	Ptychopteridae					○														
	Simuliidae	●			◐	◐			◐		○	○								1,15
	Tipulidae	○							○		○		○		○		○	○	○	
Pisces	Gasterosteus aculeatus				○	○	○	○	○	○	○	○	○	○	◐	○	○	◐	●	
	Leucaspius delineatus														◐					
	Noemacheilus barbatulus													◐	◐	●	◐	◐	●	2,0
	Salmo trutta fario	○	○	○										○	○					0,4
Aves	Ardea cinerea														○	○				
Mammalia	Arvicola terrestris										○	○	○							
Taxa insgesamt	61	28			22			21			16			19			23			

Tab. 11: Fauna des Altendorfer Baches (Zeichen s. Tab. 5)

Bei A 4 tritt eine weitere Artenverminderung ein. Insbesondere fehlen im Vergleich zu A 3 Wasserkäferarten. Dies ist zumindest teilweise auf das Fehlen von ins Wasser ragenden terrestrischen Pflanzen zurückzuführen. In diesen Bereichen halten sich sonst an stehendes oder ruhig strömendes Wasser angepaßte Arten wie z. B. *Ilybius fuliginosus* bevorzugt auf (Koch 1968).

Ab A 5 und A 6 nimmt die Gesamtartenzahl wieder zu. Insbesondere Mollusken, Wasserkäfer und Fische haben Anteil an dieser Entwicklung. Eine Analyse der Käferarten von A 1 und A 6 zeigt, daß im Oberlauf rheophile, also strömungsliebende Arten wie *Elmis maugetii* und *Hydraena belgica* vorherrschen, während im Unterlauf Arten stagnierender Gewässerzonen wie *Laccobius minutus*, *Laccobius striatulus* und *Rhantus notatus* erscheinen (vgl. Freude, Harde, Lohse 1971, Koch 1968). Der hier beschriebene Wandel der Biozönosen in verschiedenen Zonen folgt aber nur teilweise einer natürlichen Gesetzmäßigkeit (vgl. Illies 1958, 1961).

Der natürliche Faunenwechsel in den Gewässerzonen wird bei A 2 – A 3 durch den Faktor Verschmutzung überlagert. Er führt zu einer die Artengruppen unterschiedlich stark treffenden, allgemeinen Faunenverarmung (s. Tab. 11).

Die Fischfauna des Altendorfer Baches zeigt ebenfalls ein stark gestörtes Gefüge. Bei A 1 kommt eine kleine Bachforellenpopulation vor, die sich offenbar nicht fortpflanzt. Es konnten weder Brut noch Jungtiere ermittelt werden. Die Tiere sind also wohl durch Besatz in diesen Abschnitt gelangt. Im Bereich A 2 – A 4 wurden vereinzelt Dreistachlige Stichlinge gefangen. Die Tiere waren schlecht ernährt und fanden sich ausschließlich in stagnierenden bzw. langsam fließenden Zonen. Die Art lebt hier wohl an der Grenze ihrer Fortbestandsmöglichkeiten, beschrieben durch die Faktoren Strömung und Wassertiefe.

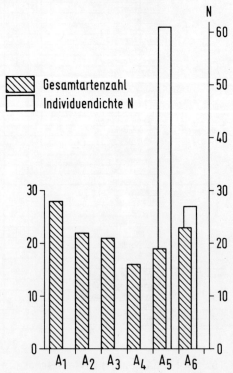

Abb. 8:
Gegenüberstellung Gesamtartenzahl und Individuendichte (N) der Bachschmerle im Sommer an den Probestellen des Altendorfer Baches (A₁ – A₆)

Ab A 5 tritt die Bachschmerle gleich in hoher Besiedlungsdichte hinzu (Abb. 8), obwohl weder sonst im Artenbestand noch in der Gewässergüte zwischen dieser und der oberhalb gelegenen Probestelle wesentliche Unterschiede festzustellen sind. Einzelfunde der Bachforelle entstammen vermutlich der Population bei A 1, wobei es sich dann um abwandernde Fische handelt.

Das Vorkommen des Moderlieschens an dieser Stelle war überraschend. Ein großer Schwarm fand sich in einem langsam fließenden, 0,5 m tiefen Abschnitt. Die Tiere sind mit großer Sicherheit aus Weihern des Feuchtgebietes „Weesgesweg", die vom Altendorfer Bach gespeist werden, zugewandert.

A 6 ist dicht von Bachschmerle und Stichling besiedelt. Die Stichlinge halten sich in den Totwasserbereichen zwischen in das Wasser wachsenden Gräsern und Kräutern auf.

Das Fehlen der Bachschmerle oberhalb der Probestelle 5 ist weder durch Veränderungen chemischer, physikalischer und hydrographischer Kenndaten noch durch Merkmale der Gewässermorphologie zu erklären, zumal es sich bei A 5 um einen neu ausgebauten Abschnitt handelt, wohingegen sich bei A 4 im Gewässerbett naturnahe Zustände wieder ausgebildet hatten. Die sich hier stellende Frage ist mit der nach dem Fehlen der Schmerle im Gelsdorfer Bach vergleichbar und soll später behandelt werden.

Da die absolute Fangmenge wenig über die Habitateignung aussagt, wurden, wie auch bei den Probestellen der Swist, die Sommerfänge nach Körperlänge aufgefächert. Die Bilder bei A 5 und A 6 (Abb. 9) weichen ganz erheblich voneinander ab. Während bei A 5 viele diesjährige Jungtiere auftreten, Fortpflanzung also stattgefunden hat, fehlen diese bei A 6 fast vollständig. Vermehrung ist in diesem Bereich also nicht zu erwarten. Da die Wasserqualität an beiden Probestellen gleich gut ist, muß die Ursache für diesen Unterschied in anderen den Lebensraum beschreibenden Merkmalen zu finden sein. Sie wirken sich offenbar besonders stark auf das Reproduktionsvermögen der Bachschmerle aus. Positive Entwicklung der Artenvielfalt muß also nicht als positiv für jede der vorhandenen Arten zu werten sein (vgl. Abb. 8).

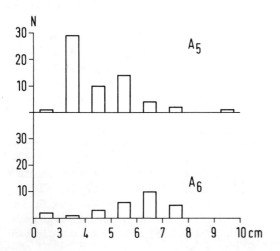

Abb. 9:
Individuenzahl (N) und Totallänge (cm) der zum Sommer im Altendorfer Bach (A_5 – A_6) gefangenen Bachschmerlen

Ein Blick auf Tab. 9 zeigt deutliche Differenzen hinsichtlich der Gewässersohle an beiden Entnahmeorten. Während bei A 5 Sand- und Kieszonen vorhanden sind, fehlen diese bei A 6 vollständig. Das Bachbett ist hier völlig durch Steinschüttung befestigt. In das Lückensystem des Grundes hat sich Schlamm eingelagert. Ein- und mehrjährige Tiere können hier jedoch fortbestehen, da genügend sonstige Versteckmöglichkeiten, besonders durch in das Wasser ragende Gräser, existieren und als Nahrung Chironomidenlarven in Mengen vorhanden sind. Da aber Kies- bzw. Sandflächen mit ruhiger Strömung fehlen, finden die Fische keine geeigneten Laichplätze und Standorte für die Jungtiere. Der Altendorfer Bach bei A 6 kann also keine sich selbst erhaltende Schmerlenpopulation tragen. Zuwanderung erfolgt von oberhalb, möglicherweise aber auch aus der Swist, in die der Bach hier einmündet.

4.4 Ersdorfer Bach

Die Quelle des Ersdorfer Baches liegt bei 271 m ü. NN im Ersdorfer Wald am östlichen Eifelabhang. Nach einer Fließstrecke von 6 km mündet er bei 171 m ü. NN im Stadtgebiet von Meckenheim in die Swist. Das stärkste Gefälle hat der Bach bereits oberhalb der Probestelle E 1 vor der Ortschaft Ersdorf durchlaufen.

Probestelle E 1 liegt direkt unterhalb der Autobahn A 61 Köln − Koblenz. Der Bach ist an dieser Stelle begradigt und grabenartig tief eingeschnitten. Die steile, über 2 m hohe Böschung ist frei von Vegetation. Substrate der Gewässersohle, Strömung und Wassertiefe wechseln. Auf der Böschungsschulter wächst zwischen einzelnen Kirschbäumen ein fast undurchdringlicher Brennesselbestand. Das umliegende Gelände wird durch Obstplantagen und Ackerbau intensiv genutzt.

Probestelle E 2 befindet sich nordwestlich von Wintermühlenhof. In der Charakteristik ähnelt sie E 1. Der Abschnitt ist aber nicht so stark eingeschnitten. Auf der Böschung wurzeln Weiden mit stellenweise dichtem Brennesselunterwuchs. Rechts und links des Bachbettes schließen sich Obstplantagen an.

Probestelle E 3 ist östlich der Straße zwischen Altendorf und Meckenheim gelegen. Auch dieser Abschnitt ist vor längerer Zeit begradigt worden und grabenartig eingetieft. Ufer und Gewässersohle wurden nicht befestigt. Es haben sich so sekundär wieder vielfältige Struktur-verhältnisse herausbilden können. Auf dem Rand der steilen Böschung wachsen einzelne Obstbäume, dazwischen findet sich ein dichter Bestand von Brennesseln. Das angrenzende Gelände wird als Obstplantage genutzt.

Probestelle E 4 ist unmittelbar vor der Einmündung in die Swist zu finden. Auch hier ist der Bach begradigt. Von der flachen Rasenböschung ragen Gräser und Kräuter in das Wasser hinein. Stellenweise liegt Abfall und Schutt im Gewässerbett, das hier eine Grünanlage durchläuft.

Insgesamt erweist sich die Fauna des Ersdorfer Baches als artenarm (Tab. 14). Eintagsfliegen, Steinfliegen und Köcherfliegen sind schon bei der quellnächsten Probestelle E 1 nicht bzw. nur mit wenigen Taxa und Individuen vertreten. Als Charakterformen stark strömender Bereiche bzw. der Fließgewässeroberläufe sind lediglich *Rhithrogena semicolorata*, *Ancylus fluviatilis* und Larven der Kriebelmücke (Simuliidae) anzutreffen (vgl. Illies 1978). Das Fehlen vieler sonst im Gebiet vorhandener Arten kann in der Wirkung von sporadischen Einschwemmungen düngender Stoffe aus den angrenzenden Agrarflächen begründet liegen. Permanente Einleitung kommunaler Abwässer findet nicht statt, da die Gemeinde Ersdorf seit 1978 mit ihrer Ortskanalisation an die Verbandskläranlage in Flerzheim angeschlossen ist (Abwasserzweckverband Obere Swist 1983 in litt.). Dies schließt jedoch nicht aus, daß noch vorhandene Sickergruben bei starken Regenfällen überlaufen und die Abwässer in den Ersdorfer Bach gelangen. Die Wasserqualität an dieser Stelle ist aber relativ gut (s. Tab. 13). Für diesen Tatbestand mitverantwortlich ist der Kontakt des Bachabschnittes mit Grundwasserströmen, welcher durch das Vorkommen des Grundwasserkrebses *Niphargus* sp. belegt werden kann.

Bei E 2 nimmt die Artenzahl weiter ab. Die Merkmale dieser Probestelle verändern sich in Richtung der Verhältnisse in Bachunterläufen (s. Tab. 12). Die Strömung wird langsamer, große Steine sind nicht mehr anzutreffen, dafür gibt es Ablagerungen von Schlammbänken. Strömungsliebende, auf harten Substraten lebende Arten wie die bereits oben genannten

Probestelle		E 1	E 2	E 3	E 4
Wassertiefe in cm		10—40	5—25	5—25	3—15
Strömungsgeschwindigkeit m/sec		0,2—0,6	0,1—0,4	0,1—0,4	0,2—0,4
Beschattungsgrad in %		60	70	60	0
Gewässersohle	Ton, Lehm	—	+	+	—
	Schlamm	—	+	—	+
	Sand	+	+	+	+
	Kies	+	+	+	—
	Steine	+	—	—	—
	Steinschüttung	—	—	—	—
submerse Vegetation	Fadenalgen	—	—	+	+
	Höhere Pflanzen	—	—	—	—

Tab. 12: Kennzeichnende Merkmale an den Probestellen des Ersdorfer Baches

Probestelle	E 1	E 2	E 3	E 4
T^{o}C	0,6—16,0	8,3—15,5	7,6—19,2	6,4—14,5
pH	7,8—8,0	7,8—8,5	7,8—8,7	7,7—7,9
NH$_4^+$ mg/l	< 0,1	< 0,1	< 0,1	< 0,1
O$_2$ mg/l	7,8—11,5	7,2—12,7	9,3—13,7	9,3—13,3
O$_2$-Sättigungsdefizit in %	0,8—21,8	0,0—28,5	0,0—18,4	0,5—17,2
Zehrung 48 h mg/l	0,5—1,6	0,8—2,3	0,3—1,6	1,0—2,0
O$_2$-Zehrung 48 h in %	6,4—14,4	6,3—25,0	3,1—16,1	0,5—21,5
^{o}d KH	9,0—17,2	9,2—19,5	9,0—19,5	12,0—19,8
Güteklasse	I-II	II	II	II

Tab. 13: Chemische, physikalische und biologische Kenndaten des Ersdorfer Baches

	Probestelle:	E1			E2			E3			E4			Saprobien-index
	Jahreszeit:	F	S	H	F	S	H	F	S	H	F	S	H	
Gastropoda	*Ancylus fluviatilis*							○	○					1,35
	Galba truncatula	○	○	○		○		○			○	○		
	Radix peregra ovata			○							◑	●	○	2,0
Bivalvia	*Pisidium* sp.				○						○			
Oligochaeta	Tubificidae	○			○	○								
Hirudinea	*Erpobdella octoculata*					○								3,0
	Haemopis sanguisuga								○			○		1,7
Malacostraca	*Gammarus pulex*	◑				○		○					○	
	Niphargus sp.	○												0,1
Ephemeroptera	*Baetis* spp.						◑						○	2,15
	Rhithrogena semicolorata	○						○						0,3
Rhynchota	*Nepa cinerea*											○		
	Notonecta glauca		○											
	Velia caprai	○			○							○	○	
Coleoptera	*Agabus biguttatus*							○						
	Agabus bipustulatus					○		○				○		
	Agabus paludosus								○					
	Anacaena globulus	○						○						
	Helophorus sp.				○	○								
	Hydrobius fuscipes								○			○		
	Platambus maculatus				○	○		○						
Trichoptera	Limnephilidae	○			○									
Diptera	Chironomidae	●	●	◑	●	◑		◑	●		◑	◑	◑	
	Culicidae	○												
	Simuliidae	○			○									1,15
	Tipulidae	○	○	◑									○	
Pisces	*Gasterosteus aculeatus*										○	○	○	
	Noemacheilus barbatulus				○	●		○	◑		○	◑	○	2,0
Taxa insgesamt	28	17			13			11			15			

Tab. 14: Fauna des Ersdorfer Baches (Zeichen s. Tab. 5)

fallen aus. Andere Arten, die an ruhiges bzw. leicht strömendes Wasser angepaßt sind wie *Galba truncatula, Agabus bipustulatus* und *Platambus maculatus* stellen sich ein (Illies 1978, Koch 1968). Diese Veränderungen struktureller Merkmale und die leichte Verschlechterung der Wasserqualität auf Güteklasse II (mäßig verunreinigt) erklären den Faunenwandel nur teilweise und nicht völlig zufriedenstellend. Die starke Artenreduktion hier und insbesondere bei E 3 wo diese Entwicklung noch deutlicher zutage tritt, wird durch einen Blick auf Tab. 14 interpretierbar. Es stellte sich heraus, daß im Herbst an den zuletzt genannten beiden Probestellen keine Funde gemacht werden konnten. Die Bachstrecken waren infolge des niederschlagsarmen, heißen Sommers 1983 weitgehend trockengefallen. Diese Erscheinung tritt zwar nicht regelmäßig alle Jahre, aber doch immer wieder auf. Für viele, insbesondere größere Arten, die sich nicht in das enge Lückensystem der relativ feinen Sedimente oder in andere wasserführende Bereiche zurückziehen können, müssen solche Trockenphasen tödlich sein. Verarmung der Lebensgemeinschaft ist die unausweichliche Konsequenz. Daß jetzt in dieser Zone flugfähige Insekten mit gutem Ausbreitungsvermögen nach Artenzahl überwiegen, ist daher gut verständlich.

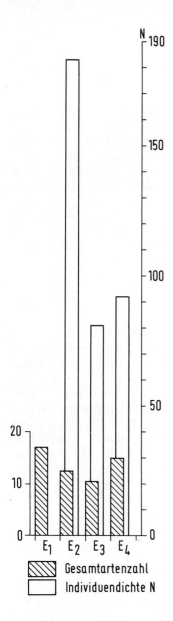

Abb. 10:
Gegenüberstellung Gesamt-
artenzahl und Individuendichte
(N) der Bachschmerle im
Sommer an den Probestellen des
Ersdorfer Baches (E₁ – E₄)

Bei E 4 nimmt die Artenzahl wieder zu, obwohl wichtige Strukturelemente wie Kieszonen fehlen. Dies ist in erster Linie darauf zurückzuführen, daß Austrocknung als limitierender Faktor hier im Mündungsbereich entfällt und Arten, die auf Hartsubstrate angewiesen sind, durch Stillwasserbewohner ersetzt wurden. Die üppig in das Wasser wachsenden Gräser und Kräuter bieten Totwasserräume und Anklammerungspunkte, was sich besonders günstig für viele Käfer und Wasserwanzen auswirkt.

Die Fischfauna des Ersdorfer Baches ist gleichfalls arm. Der Dreistachlige Stichling kommt lediglich in der Mündung vor. Hier halten sich vorwiegend Jungtiere zwischen in das Wasser ragenden Pflanzenteilen auf. Fortpflanzung an diesem Ort ist nicht auszuschließen, da verschiedentlich ♂♂ im Prachtkleid gefangen wurden. Die Bachschmerle besiedelt den Bach bis oberhalb E 2. Das Fehlen bei E 1 kann weder durch die Wasserqualität – sie ist ja hier besser als unterhalb – noch durch Merkmale des Gewässerbettes – der Strukturreichtum ist hier größer – begründet werden. Die Erscheinung ähnelt den bereits beschriebenen Verhältnissen im Gelsdorfer- und Altendorfer Bach.

Artenvielfalt und Besiedlungsdichte der Schmerle zeigen hier – wie bereits auch früher behandelt – keine eindeutige Verknüpfung (Abb. 10). Im gesamten Unterlauf des Ersdorfer Baches lebte im Sommer 1983 ein dichter Bachschmerlenbestand. Die Hauptmenge der Fische bestand in diesjährigen Jungtieren. Es fand also an allen Stellen eine gute Reproduktion statt. Die Existenz ausgedehnter Kies- und Sandzonen mit ruhiger Strömung gibt der Art geeignete Vermehrungsmöglichkeiten. Die Lebensbedingungen insgesamt, d. h. für alle Altersstadien, sind aber offenbar nicht gleichmäßig gut. Dies ist besonders deutlich in Abb. 11 für E 3 und E 4 erkennbar. Im Vergleich zu den Jungtieren wurden nur relativ wenige ein- und mehrjährige Schmerlen gefangen. Da von E 2 an abwärts größere, hohlliegende Steine im Bachbett fast vollständig fehlen, mangelt es den älteren Individuen an den bevorzugten Tagesunterständen.

Der für die gesamte Fauna gravierendste Negativfaktor ist jedoch die wechselnde Wasserführung. Bei den Herbstaufsammlungen wurde ja festgestellt, daß der Ersdorfer Bach im Bereich E 2 – E 3 weitgehend

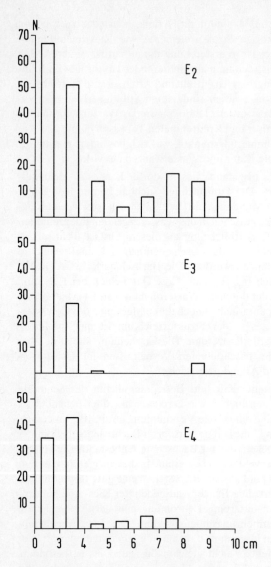

Abb. 11:
Individuenzahl (N) und Totallänge (cm) der zum
Sommer im Ersdorfer Bach ($E_2 - E_4$) gefangenen
Bachschmerlen

ausgetrocknet war. Die Schmerlenpopulation war also gezwun-
gen, diesen Abschnitt zu verlassen. In verschiedenen Restwas-
serflächen an tiefen Stellen des
Bachbettes konnten jedoch viele
Individuen überleben. Diese
Wasserkörper wurden wahr-
scheinlich durch Grundwasser-
ströme gespeist, denn sie er-
wärmten sich auch bei hohen Au-
ßentemperaturen nicht über 16°
C. Der Nachweis des bereits er-
wähnten Krebses *Niphargus* sp.
untermauert diese Annahme.
Bei günstigeren Wasserständen
konnte von hier und aus dem
Unterlauf eine Wiederbesiedlung erfolgen.

4.5 Morsbach

Der Morsbach entspringt bei 220
m ü. NN südlich Wormersdorf
und mündet nach 6 km Fließstrecke nordwestlich von Mek-
kenheim bei 160 m ü. NN in die
Swist. Dem Morsbach fließt
Wasser aus zwei weiteren Nebenbächen zu, die ober- und unterhalb der Probestelle M 1 einmün-
den. Das Hauptgefälle liegt oberhalb M 1.

Der Bachlauf ist bei M 1 begradigt und ca. 3 m grabenartig eingetieft, wobei Ufer und Sohle
unbefestigt sind. Die steile Böschung ist überwiegend mit
Brennesseln bewachsen. Auf
dem Böschungsrand sind Obst-
bäume gepflanzt. Dem Ufer entlang ziehen sich Felder und Obstplantagen.

Probestelle M 2 befindet sich westlich des Bahnhofs Meckenheim. Das Bachbett ist begradigt
und etwa 1,5 m eingetieft. Ufer und Sohle sind ebenfalls nicht befestigt. Im Bachbett findet
sich Schutt und Abfall. Auf der steilen Grasböschung wurzeln dichte Brennesselbestände.
Das angrenzende Gelände wird durch Obstplantagen genutzt. Insgesamt bietet dieser
Bereich einen sehr naturfernen, verschmutzten Anblick.

Probestelle M 3 befindet sich direkt oberhalb der Einmündung in die Swist. Auch dieser Abschnitt ist vor langer Zeit schon begradigt worden; das Bachbett ist grabenartig abgesenkt worden. Was die Strömungs-, Tiefen- und Substratverhältnisse betrifft, hat sich sekundär wieder ein gewisser Strukturreichtum eingestellt (Tab. 15). Die ca. 3 m hohe Steilböschung ist von Brennesseln überwuchert. Die Böschungsschulter wird dicht mit Büschen und vereinzelt Pappeln bestanden. Baumschulen und Obstplantagen fassen diesen Teil des Baches ein.

Probestelle		M1	M2	M3
Wassertiefe cm		3−15	10−35	6−15
Strömungsgeschwindigkeit m/sec		0,2−0,4	0,1−0,3	0,2−0,4
Beschattungsgrad in %		50	20	90
Gewässersohle	Ton, Lehm	+	+	−
	Schlamm	−	−	−
	Sand	+	+	+
	Kies	+	+	+
	Steine	−	−	−
	Steinschüttung	−	−	−
submerse Vegetation	Fadenalgen	+	+	−
	Höhere Pflanzen	−	−	−

Tab. 15: Kennzeichnende Merkmale an den Probestellen des Morsbaches

Probestelle	M1	M2	M3
T°C	7,5−16,5	6,1−17,7	4,3−20,5
pH	7,8−8,3	7,4−8,6	8,0−8,5
NH_4^+ mg/l	< 0,1−2,0	< 0,1−5,5	< 0,1−3,2
O_2 mg/l	8,3−11,5	8,5−14,5	8,5−14,3
O_2-Sättigungsdefizit in %	4,3−27,7	0,1−18,7	0,1−14,9
Zehrung 48 h mg/l	0,9−2,6	0,2−7,9	1,4−1,6
O_2-Zehrung 48 h in %	10,1−22,6	2,4−54,5	9,8−17,6
°d KH	12,5−15,8	11,4−19,8	11,6−19,8
Güteklasse	II	II-III	II-III

Tab. 16: Chemische, physikalische und biologische Kenndaten des Morsbaches

Probestelle:		M1			M2			M3			Saprobien-index
Jahreszeit:		F	S	H	F	S	H	F	S	H	
Gastropoda	*Galba truncatula*				○	○					
	Physa fontinalis					○					2,0
	Radix peregra ovata		○		○				○	○	2,0
Bivalvia	*Pisidium* sp.		○	○	○						
Oligochaeta	Tubificidae	◐			○			◐			
Hirudinea	*Erpobdella octoculata*					○				○	3,0
Malacostraca	*Asellus aquaticus*	○									2,8
	Gammarus pulex	◐	◐	○							
Ephemeroptera	*Baetis* spp.	○	◐	◐	○	◐					
	Cloeon dipterum		○								2,0
Rhynchota	*Hesperocorixa sahlbergi*					○					
	Nepa cinerea							○			
	Notonecta glauca		○			○					
	Velia caprai	○			○	○		○			
Coleoptera	*Agabus biguttatus*	○			○						
	Agabus bipustulatus							○			
	Agabus didymus					○	○				
	Anacaena globulus		○								
	Helochares obscurus						○				
	Hydrobius fuscipes	○									
	Ilybius fuliginosus		○								
	Laccobius minutus				○						
	Limnius volckmari					○					
	Neohaliplus lineatocollis			○		○	○				
	Rhantus pulverosus			○		○					
	Dytiscidae-Larven	○									
Trichoptera	Limnephilidae				○						
Diptera	Chironomidae	◐	◐	◐	○	◐	◐	○	◐	◐	
	Culicidae	○	○		○						
	Simuliidae	○									1,5
	Tipulidae						○				
Pisces	*Gasterosteus aculeatus*							○		○	
	Noemacheilus barbatulus		◐	◐	○	◐	○	○	◐	◐	2,0
Taxa insgesamt	32		19			22			9		

Tab. 17: Fauna des Morsbaches (Zeichen s. Tab. 5)

Entsprechend seines Charakters als Tieflandbach in der intensiv genutzten Agrarlandschaft treten schon in der quellnächsten Probestelle, M 1, Arten bzw. Artengruppen stark strömender Oberläufe nicht mehr auf. Steinfliegen fehlen vollständig. Köcherfliegen und Eintagsfliegen mit Ausnahme der Gattung *Baetis* sind nur in arten- und individuenarmen Beständen vorhanden. Der Mangel an größeren Steinen im Bachbett bedingt das Fehlen von Hartsubstratbewohnern. Demgegenüber finden sich relativ viele Arten des ruhigen Wassers wie *Asellus aquaticus*, *Notonecta glauca*, *Anacaena globulus*, *Ilybius fuliginosus* und einige andere Käferarten (Tab. 17). Ammonium-Werte von bis zu 2 mg/l zeigen, daß eine Belastung durch organische, abbaubare Substanzen vorliegt (Tab. 16). Die Lebensbedingungen für an gute Wasserqualität angepaßte Organismen der Fließgewässeroberläufe sind also eingeschränkt, was sich in der beobachteten Artenarmut manifestiert.

Bei M 2 steigt die Gesamtartenzahl etwas an, obwohl z.B. der oberhalb dieser Stelle noch ziemlich häufige *Gammarus pulex*, die Eintagsfliege *Cloeon dipterum* und Simuliiden-Larven infolge der Verschlechterung der Wasserqualität hier nicht mehr nachgewiesen werden. Die Erweiterung des Artenspektrums beruht auf dem Hinzukommen der Schnecken *Galba truncatula, Physa fontinalis,* der einzige Fundort dieser Art, der Wasserwanze *Hesperocorixa sahlbergi* sowie der Käfer *Agabus didymus, Helochares obscurus* und *Limnius volckmari.* Mit Ausnahme der zuletzt genannten bevorzugen alle diese Arten ruhig strömende bzw. stehende Gewässer. Die gute Belichtung dieses Abschnittes fördert die Ufervegetation, in den Wasserkörper ragende Pflanzenteile bieten besonders Käfern und Wanzen die benötigten Anklammerungsstellen, ruhige Wasserräume und Nahrung. Die Veränderung des Artenspektrums wird also einerseits durch die unterschiedliche Entwicklung der Ufervegetation, andererseits durch die Veränderung der Gewässergüte verursacht.

Bei M 2 fließen offenbar zeitweise abbaubare, organische Stoffe in erheblichen Mengen ein, die den Bach merklich verunreinigen. Es wurden Ammonium-Werte bis über 5 mg/l gemessen (Tab. 16). Das Wasser hatte zu dieser Zeit einen intensiv jaucheartigen Geruch. *Gammarus pulex* erträgt diese in unregelmäßigen Abständen wiederkehrenden Belastungszustände nicht, während luftatmende Insektenimagines weniger beeinträchtigt werden.

Da eine direkte Ortspassage dieses Bachabschnittes nicht vorliegt, eine Einleitung aus der Gemeinde Wormersdorf „seit den 60er Jahren" (Abwasserzweckverband „Obere Swist" 1983 in litt.) nicht mehr stattfindet, muß die Verschmutzung aus anderen Quellen herrühren. Möglicherweise sind Einschwemmungen von landwirtschaftlichen Nutzflächen die Ursache.

Bei M 3 vermindert sich die Artenzahl auf neun. Von den Wirbellosen sind lediglich Tubificiden und Chironomiden, also sehr abwasserresistente Gruppen zeitweise zahlreich. Die Wirkung der Verschmutzung kommt in diesem Bereich voll zur Geltung. Elemente der Bachgestalt können für die extreme Verarmung des Lebens nicht verantwortlich gemacht werden (vgl. Tab. 15), zumal außerdem ein freier Zugang zur nahegelegenen Swist gegeben ist (vgl. Probestelle S 6, Tab. 5), wo eine artenreiche und dichte Besiedlung existiert.

Der Morsbach wird von zwei Fischarten besiedelt. Der Dreistachlige Stichling kommt nur bei M 3 im Mündungsbereich der Swist vor. Es handelte sich lediglich um wenige Jungtiere, die wahrscheinlich aus der Swist eingewandert sind.

Die Bachschmerle wurde an allen Untersuchungsorten festgestellt. M 1 wies im Sommer 1983 sowohl diesjährige als auch eine relativ hohe Anzahl großer mehrjähriger Tiere auf. Hier besteht offenbar eine sich selbst erhaltende Population. Obwohl im Frühjahr 1984 die Art in den Fängen fehlte (Tab. 17), war sie jedoch aus dieser Zone nicht verschwunden, wie spätere Kontrolluntersuchungen zeigten. Die Fische hatten sich zur kalten Jahreszeit aus dem Untersuchungsbereich in tiefere Gewässerteile zurückgezogen und die verlassenen Flachwasserareale noch nicht wieder bezogen.

Trotz der zeitweise hohen Belastung bei M 2 lebt auch hier ein kleiner Bestand geschlechtsreifer Schmerlen, der sich aber wohl nicht fortpflanzt. Der relativ häufige Fang der Größenklasse 4 – 5 cm an dieser Stelle und deren Fehlen bei M 1 deutet auf stromabwärts gerichtete Wanderbewegungen bzw. Verdriftung nach M 2 hin (Abb. 12).

M 3 mit ihren Kies- und Sandflächen bietet der Schmerle zumindest doch die Minimalbedingungen zur Fortpflanzung, wenn zur Laichzeit keine Abwasserwellen auftreten.

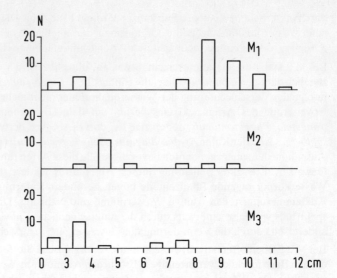

Abb. 12:
Individuenzahl (N) und
Totallänge (cm) der zum
Sommer im Morsbach
(M₁ – M₃) gefangenen Bach-
schmerlen

5. Einige Merkmale der Lebensgemeinschaften des Untersuchungsgebietes

Die quellnächsten Zonen der untersuchten Bäche zeigten die größte Artenvielfalt und Besiedlungsdichte. Diese Abschnitte wiesen die beste Wasserqualität auf und hatten weitgehend ihren Strukturreichtum behalten bzw. wiedergewonnen. Ausnahmen bildeten die Probestellen S 6, S 7 und M 2. Die relativ hohen Artenzahlen beruhten hier auf dem vermehrten Vorkommen von Arten ruhiger Wasserzonen, die meistens nur in geringer Individuendichte nachgewiesen wurden. Die überwiegende Zahl der Probestellen zeigte ein stark verarmtes Fauneninventar mit Massenentwicklung weniger Arten bzw. Artengruppen. Derartige Biozönosen sind typisch für Lebensräume, in denen Streßfaktoren wirksam werden. Thienemann (1954) beobachtete, daß die Zahl der Arten, die eine gegebene Lokalität bewohnen, am höchsten in Bereichen ist, die über eine lange Zeit weitgehend ungestört geblieben sind. Sie sind charakterisiert durch vielfältige sowie vorhersagbare Umweltbedingungen, d. h., diese weichen nicht erheblich von langfristig geltenden Mittelwerten ab. Im konkreten Fall werden die Lebensgemeinschaften durch permanente oder sporadische Einleitung von Abwässern sowie durch Ausbau- und Unterhaltungsmaßnahmen belastet. Der daraus resultierende Artenverlust verursacht spezielle Konkurrenzverhältnisse. Wenn man für Konkurrenz die Definition von Weatherley (1963) „competition is the demand, typically at the same time, of more than one organism for the same resource of the environment in excess of immediate supply" akzeptiert, so ist in den beschriebenen, verarmten Lebensgemeinschaften interspezifische Konkurrenz weitgehend ausgeschaltet. Bei den Fischen fehlt außerdem der Fraßdruck durch Beutegreifer, so daß Massenentwicklung weniger an die herrschenden Belastungszustände angepaßter Arten begünstigt wird. Das folgende Schaubild (Abb. 13) gibt ein vereinfachtes Modell des Nahrungsnetzes in der Swist (Probestellen S 4—S 7) und den Unterläufen der Nebenbäche wieder.

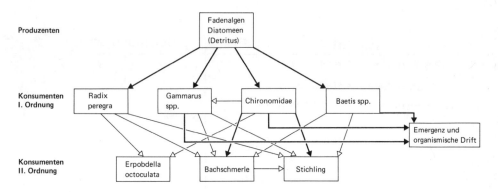

Abb. 13: Modell des Nahrungsnetzes in der Swist und den Mündungsgebieten der Nebenbäche mit den wichtigsten Energieströmen

Nahrungsgrundlage bilden Fadenalgen, Diatomeen und Detritus. Auf dieser Basis entwickeln sich dichte Populationen einiger organischen Bestandsabfall und Pflanzen verzehrender Arten. Besonders ins Auge fällt stellenweise die Massenentfaltung der Schnecke *Radix peregra ovata*. Individuendichten von über 100/m² konnten ausgezählt werden. Quantitativ ins Gewicht fallende Endglieder dieses wenigstufigen Nahrungsnetzes sind neben einer Egelart der Dreistachlige Stichling und die Bachschmerle. Von der zuletzt genannten Art wurden im Extremfall 235 Individuen pro m² ermittelt. Die Lebensgemeinschaften des oberen Swistsystems zeigen insgesamt ein stark gestörtes Gefüge. Konsumenten III. Ordnung fehlen mit Ausnahme der partiell und sporadisch einfliegenden Graureiher und Eisvögel vollständig. Gegenüber Befunden aus dem Jahre 1957 (Wilhelm 1964), wo die Swist bereits direkt unterhalb Meckenheim infolge von Einleitungen aus der damaligen Gemeindekläranlage und einer Rübenkrautfabrik erheblich belastet war, sind 12 Tierarten ausgestorben bzw. nicht mehr nachzuweisen (vgl. auch Nolden 1984). An Wasserpflanzen fehlen seither *Ranunculus fluitans* und *Zannichellia palustris* völlig, *Potamogeton crispus* ist nur in wenigen Einzelexemplaren vorhanden.

Ordnet man die ausgestorbenen Arten entsprechend ihres Gefährdungsgrades der „Roten Liste" (Blab, Nowak et al. 1984), so ergibt sich folgende Tabelle (Tab. 18). Die Gefährdungsgrade 1 und 2 entsprechen dem Status „vom Aussterben bedroht" bzw. „stark gefährdet". Von den 12 nicht mehr vorhandenen Arten sind also 7 in der „Roten Liste" enthalten. Alle diese Arten stellen hohe Ansprüche an die Wasserqualität, die in der Vergangenheit und im Falle *Astacus astacus, Cottus gobio* und *Unio crassus* auch heute noch nicht gegeben ist. Nach Sladecek (1973) fordern diese Arten ausgesprochen reines Wasser.

Der nach heutigen Erkenntnissen nicht befriedigende, 1982 abgeschlossene Ausbau der Swist im Bereich Flerzheim und weiter bachabwärts vernichtete Pflanzenbestände und führte zur Monotonisierung der Strukturen im Ufer- und Sohlenbereich (Nolden 1984), so daß erschwerend zur Verschmutzung für einige Arten der Verlust von lebensnotwendigen Habitatelementen hinzukam. Hier wäre beispielsweise der Verlust von Höhlen im durchwurzelten Uferbereich als Wohnraum für den Flußkrebs zu nennen. Jungbluth (1973) beobachtete ähnliche Auswirkungen bei Krebspopulationen im Vogelsberg nach Ausbaumaßnahmen.

	Art	Gefährdungsgrad
Gastropoda	*Gyraulus laevis*	1
Malacostraca	*Astacus astacus*	1
Coleoptera	*Gyrinus natator*	2
Bivalvia	*Unio crassus*	2
	Unio pictorum	2
Pisces	*Cottus gobio*	2
	Phoxinus phoxinus	2
Bivalvia	*Sphaerium lacustre*	kein
	Anodonta cygnea	kein
Coleoptera	*Acilius sulcatus*	kein
	Agabus guttatus	kein
	Ilybius subaeneus	kein

Tab. 18: Gefährdungsstufen der ausgestorbenen bzw. verschollenen Arten des oberen Swistsystems

Ungeachtet der kurz umrissenen negativen Einflüsse bestanden aber für eine Vielzahl von Arten Überlebensmöglichkeiten bzw. konnten einige Arten zuwandern (s. Tab. 19). Im Rahmen des aktuellen Untersuchungsprogramms wurden noch 12 Arten der „Roten Liste" festgestellt, wobei die Gefährdungsgrade 3 „gefährdet" und 4 „potentiell gefährdet" bedeuten (Definition s. Blab, Nowak et al., 1984). Das Gewässersystem stellt also auch immer noch oder schon wieder für verschiedene gefährdete Arten einen geeigneten Lebensraum dar.

Sialis fuliginosa, Siphlonurus aestivalis oder etwa *Beraeodes minutus* konnten in den quellnächsten Bereichen überleben. Andere relativ abwasserresistente Arten wie *Ancylus fluviatilis* oder der Dreistachlige Stichling überstanden auch stärkere Belastung in einigen bachabwärts gelegenen Lokalitäten. Flugfähige Insekten wie einige Libellen konnten nach Verbesserung der Wasserqualität von außerhalb zuwandern. Restbestände der Bachschmerle kolonisierten verlorene Areale. Ursache dieser neuen positiven Tendenz ist ausschließlich die Verbesserung der Wasserqualität im Zentralbereich des Untersuchungsgebietes auf die Güteklasse II (vgl. Nolden 1984, Landesamt für Wasser und Abfall 1984) als Folge des Anschlusses der Gemeinden Gelsdorf und Eckendorf 1982 an die Verbandskläranlage in Flerzheim.

	Art	Gefährdungs-grad	Fundort
Megaloptera	*Sialis fuliginosa*	2	S1
Ephemeroptera	*Siphlonurus aestivalis*	3	G1
Odonata	*Calopteryx splendens*	3	S7
	Calopteryx virgo	3	S6
Planipennia	*Osmylus fulvicephalus*	3	S6
Coleoptera	*Agabus biguttatus*	3	G2, A3, E3, M1, M2
Pisces	*Gasterosteus aculeatus*	3	S4–S7, A2–A6, E4, M3
	Leucaspius delineatus	3	S6, S7, A5
	Noemacheilus barbatulus	3	S1–S7, A5–A6, E2–E4, M1–M3
	Salmo trutta fario	3	A1, A5
Gastropoda	*Ancylus fluviatilis*	4	S2–S6, A3, A4, A6, E3
Trichoptera	*Beraeodes minutus*	4	S1

Tab. 19: Gegenwärtige Verbreitung der gefährdeten Arten des oberen Swistsystems

6. Untersuchungen zur Autökologie der Bachschmerle *(Noemacheilus barbatulus)*

Die Lebensgemeinschaften des oberen Swistsystems unterlagen in den letzten Jahrzehnten starken anthropogenen Einflüssen. Arten- und Arealverlust kennzeichneten diese Entwicklung. Viele Arten konnten nur in den am wenigsten belasteten Oberläufen überleben. Erst in allerjüngster Zeit traten Veränderungen in positiver Richtung ein. Insbesondere die gefährdete Bachschmerle, in den „Roten Listen" der Länder Niedersachsen und Bayern wird sie sogar als „stark gefährdet" eingestuft (Gaumert 1981, Bayerisches Landesamt für Umweltschutz 1976), weitete ihr Siedlungsgebiet erheblich aus. Es war ihr jedoch bisher nicht möglich, die geeigneten Lokalitäten des Gewässersystems flächendeckend zu besetzen. Für viele Fischarten, besonders aber wirtschaftlich uninteressante Kleinfischarten, besteht nach wie vor ein erhebliches Kenntnisdefizit bezüglich ihrer Lebensweise und Habitatansprüchen. Um die Mechanismen der Arealausweitung und dem entgegenstehende Hemmnisse befriedigend erklären zu können, waren daher spezielle Untersuchungen zur Autökologie am Beispiel der Bachschmerle notwendig.

6.1 Wachstum und Alter

Die Abbildungen 14−16 zeigen die Körperlänge, die zu verschiedenen Jahreszeiten von den Altersgruppen erreicht wird. Der Beginn des Wachstums wird mit 5 mm nach dem Schlüpfen der Embryonen festgesetzt (vgl. Sterba 1957). Bei in die Schaubilder eingetragenen Werten ohne Berechnung der Standardabweichung lag die Individuenzahl der betroffenen Altersgruppe unter fünf.

Wenn man berücksichtigt, daß die Eientwicklung der Bachschmerle bei 12−16° C ca. 14 Tage dauert und die Jungtiere nach 5 Wochen schon 2,5 cm erreichen können (Spranger 1952), die Hauptmasse ca. 3 cm langer Jungtiere in der Swist und Nebenbächen Ende Juli erscheint, kann der Beginn der Laichperiode hier auf Ende Mai gelegt werden.

Ein typisches Merkmal vieler Schmerlenarten ist aber die portionsweise Abgabe des Laiches (Mann 1971). Das bedeutet, der Fortpflanzungsvorgang eines ♀ zieht sich über einen längeren Zeitraum hin. Den Tieren ist es durch diese Eigenart möglich, auch während dieser kritischen Phase ungünstige Bedingungen zu überstehen und die Vermehrung zu günstigeren Zeitpunkten zu vollziehen. Ungestört hat es zur Folge, daß über einen gewissen Zeitraum ständig neu geschlüpfte Jungtiere und damit innerhalb einer Generation erhebliche Größenunterschiede auftreten.

Die Daten in den Schaubildern sind so angeordnet, daß sowohl saisonales als auch annuelles Wachstum ersichtlich werden. Generell ist zu erkennen, daß das Wachstum zwischen Frühjahr und Sommer am größten, zwischen Herbst und Frühjahr sehr gering ist. Die stufenförmige Wachstumskurve läßt die Altersgruppen mehr oder weniger deutlich hervortreten. Das stärkste Längenwachstum zeigt die Gruppe 0, das geringste die Gruppe 3. Zu einem gleichen Ergebnis kommen auch Libosvarsky (1957) und Smyly (1955). Charakteristisch ist weiterhin die beträchtliche Variabilität, ausgedrückt in Standardabweichung des individuellen Wachstums der Gruppen 0 und besonders 1 (Abb. 14−16). Dies entspricht ebenfalls den Befunden anderer Autoren. Smyly (1955) beobachtete einige Fische, die nach 12 Monaten erst 3 cm, andere hingegen bereits nach 6 Monaten 6,5 cm Länge erreichten.

Auch Spranger (1952) und Sterba (1957) berichteten außerordentliche Wachstumsunterschiede, wobei Geschlechtsreife bereits nach einem Jahr eintreten, sich aber bei knapper Nahrung bis zum dritten Lebensjahr hinauszögern kann (Libosvarsky 1957). Neben den beschriebenen Eigenheiten des Fortpflanzungsverhaltens ist also das Nahrungsangebot und möglicherweise die unterschiedliche genetische Ausstattung der Individuen für das starke

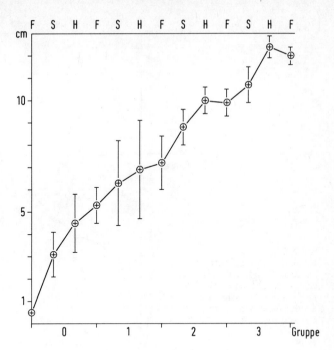

Abb. 14:
Körperlänge in cm
(Mittelwerte mit Standard-
abweichung) verschiedener
Altersgruppen der Bach-
schmerle aus den Gesamtfän-
gen in der Swist,
Sommer (S),   N = 306
Herbst (H),   N = 391
Frühjahr (F),   N = 153

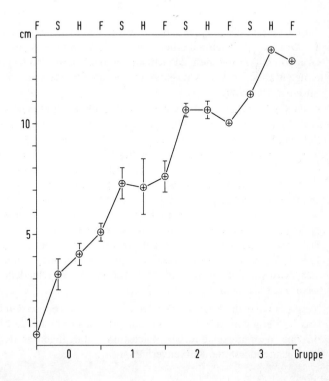

Abb. 15:
Körperlänge in cm (Mittelwerte mit Standardabwei-
chung) verschiedener Altersgruppen der Bachschmerle
aus den Fängen in der Swist
bei S_6,
S, N = 78
H, N = 106
F, N = 27

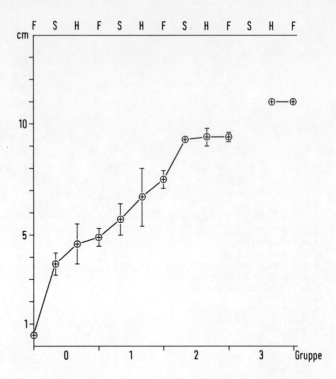

Abb. 16:
Körperlänge in cm (Mittelwerte mit Standardabweichung) verschiedener Altersgruppen der Bachschmerle aus den Fängen im Altendorfer Bach bei A_5,
S, N = 61
H, N = 144
F, N = 31

Auseinanderwachsen einer Jahrgangsstufe verantwortlich zu machen. Kleinwüchsige Tiere der Gruppe 2 können außerdem die hohen Werte der Standardabweichung (Abb. 14) bei Gruppe 1 mitverursachen, da nicht auszuschließen ist, daß sie aufgrund ihrer relativ geringen Länge noch in letztere Altersstufe eingeordnet wurden und damit Einfluß auf die Lage des Mittelwertes nahmen.

Nach Smyly (1955) hängt das Alter, in dem die Bachschmerle zum ersten Mal ablaicht, von dem Erreichen einer Mindestgröße ab. Tiere, die im Frühjahr am Ende ihres ersten Lebensjahres nicht 5,5 cm Länge erreichen, werden demnach im gleichen Jahr nicht fortpflanzungsfähig. Überträgt man diese Befunde auf die eigenen Ergebnisse, so zeigt sich, daß die Hauptmasse der Gruppe 0 im folgenden Frühjahr unter dem genannten Grenzwert bleibt. Diese Größenklasse wird also nicht als Gruppe 1 schon im ersten Lebenssommer, sondern erst ein Jahr später an der Reproduktion teilhaben. Gruppe 2 und 3 sichern damit im wesentlichen die Nachkommenschaft. Weitere Größen- bzw. Altersgruppen lassen sich nicht eindeutig klassifizieren. Es wird daher davon ausgegangen, daß das Individualalter im Untersuchungsgebiet in der Regel 4 Jahre nicht überschreitet. Das maximal erreichbare Lebensalter ist offenbar in einzelnen Populationen unterschiedlich. Libosvarsky (1957) gibt als Höchstwert 5 Jahre an. Mann (1971) beschreibt verschiedene Gewässer in Südengland, wo nicht mehr als 3 Jahre erreicht werden.

Vergleicht man die Kurven der einzelnen Abbildungen, so fällt bei aller Gemeinsamkeit auf, daß der Verlauf in Abb. 14 etwas gedämpfter erscheint als in Abb. 15 und 16. Hier wirken sich offenbar die unterschiedlichen Wachstumsbedingungen an den einzelnen Probestellen der Swist glättend auf den Kurvenverlauf aus.

Die Stufengestalt der Wachstumskurve ist bei Probestelle S 6 (Abb. 15) besonders gut ausgeprägt. Vier Altersgruppen mit Schwerpunkt der Größenzunahme zwischen Frühjahr und Sommer treten eindeutig hervor. Bei Probestelle A 5 ist dies für Gruppe 1 nicht so klar zu erkennen (Abb. 16). Ein weiterer Unterschied zu S 6 liegt im geringeren Wachstum der beiden letzten Größenstufen. Gruppe 2 erreicht nicht 10 cm Gesamtlänge.

Einzugehen wäre noch auf die unterschiedlichen Probengrößen zu den verschiedenen Jahreszeiten, die aus den Unterschriften der Abbildungen zu ersehen sind. Diese Unterschiede sind methodenbedingt. Im Sommer und Herbst herrschten niedrige Wasserstände, so daß die Fangmöglichkeiten gut waren. Im Frühjahr hingegen machten starke Wasserführung und Trübung die Entnahme von Fischen schwierig. Die Schmerlen hielten sich außerdem zu dieser Jahreszeit noch überwiegend in tieferen Zonen der Bäche auf, was sich ebenfalls auf den Fang erschwerend auswirkte.

Untersuchungen des Wachstums und der Altersstruktur von Populationen sind eine wichtige Grundlage zur Beurteilung ihrer weiteren Entwicklung. Vergleicht man die hier dargestellten Ergebnisse mit den Befunden anderer Autoren, so zeigt sich, daß die Bachschmerle in der Swist und den untersuchten Nebenbächen nur langsam wächst. Nach Untersuchungen von Libosvarsky (1957) erreichte die Bachschmerle im Krizanov Fluß (Tschechoslowakei) folgende Körpermaße:

Frühjahr Gruppe 0 = 7,5 cm
Frühjahr Gruppe 1 = 10,2 cm
Frühjahr Gruppe 2 = 11,4 cm
Frühjahr Gruppe 3 = 12,6 cm

Im River Tarrant (England) fand Mann (1971) folgendes Maß vor:

Frühjahr Gruppe 0 = 6,5 cm

Diese Vergleichswerte werden an keiner Probestelle des Untersuchungsgebietes auch nur annähernd erreicht. Angleichung der Daten erfolgt erst bei den Individuen der Gruppe Drei, die sich auf die Grenze des potentiellen Wachstums zu bewegen. Gruppe Null erreicht hier im Frühjahr durchschnittlich 5 cm, Gruppe Eins 7,5 cm und Gruppe Zwei 10 cm.

Wo sind nun die Gründe für das relativ schlechte Abwachsen der jüngeren Altersgruppen zu suchen? Mangelnde Habitateignung kann ausgeschlossen werden. Fast im gesamten Gebiet der oberen Swist entwickelte die Bachschmerle außerordentlich dichte Besiedlung. An einigen bevorzugten Stellen wurde diese genau ausgezählt. Es ergaben sich Maximalwerte von 50 bis über 200 Individuen je m². Das sind Konzentrationen, die für europäische Verhältnisse nach meiner Kenntnis bisher noch nicht beschrieben worden sind. Ähnliches berichtete nur Hutchinson (1939) von einer asiatischen Schmerlenart aus Tibet. Es muß also eine andere Erklärung geben.

Biomasseproduktion bei Fischpopulationen vollzieht sich auf zwei Wegen: a) über Stückzuwachs und b) Individuenvermehrung. Um die spezifische Tragfähigkeitsgrenze eines Lebensraumes zu erreichen, werden beide Mechanismen eingesetzt. Vergrößerung der Individuenzahl und Stückzuwachs sind bis zu einem gewissen Grade kompensatorisch (Barthelmes 1981). In unserem Falle beobachten wir hohe Fischdichte und geringes Wachstum. Offenbar nähern sich die Schmerlenpopulationen einer Entwicklungsgrenze, wo der Mechanismus des konkurrenzabhängigen Wachstums als Reaktion auf Nahrungsverknappung greift. Das Körperwachstum verlangsamt sich als Konsequenz. Die starke Individuenzunahme in den rekolonialisierten Arealen wurde und wird außerdem nicht durch potentielle Feinde wie Bachforelle und Aal beeinflußt (Bolam 1913, Watson 1925 zit. n. Smyly 1955). Mit einer weiteren Biomassezunahme der Populationen ist im Untersuchungsgebiet nicht mehr zu rechnen. Vielmehr muß in Zukunft ein Rückgang erwartet werden, da die bisher artenarmen Bereiche durch zusätzliche neue Arten in Besitz genommen und die Konkurrenzverhältnisse sich weiter verändern werden.

6.2 Ernährung

Die Wachstumskurven in Kap. 6.1, Abb. 14–16 zeigen eine deutliche Stagnation im Winterhalbjahr. Dem entspricht der jahreszeitliche Wechsel der aufgenommenen Nahrungsmenge. Nach Untersuchungen von Smyly (1955) hatte insbesondere im November und Dezember der überwiegende Teil der geprüften Schmerlen leere Mägen (Abb. 17).

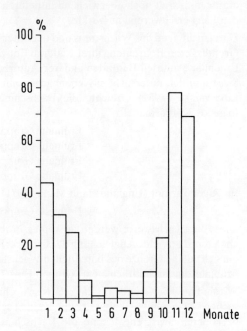

Abb. 17:
Jahreszeitlicher Wechsel der aufgenommenen Nahrungsmenge bei der Bachschmerle, % Individuen mit leeren Mägen nach Smyly (1955), verändert

Eigene Vergleichsbeobachtungen in Aquarien zeigten, daß unterhalb von 5° C Wassertemperatur die Nahrungsaufnahme sehr stark reduziert war. Diese Befunde wurden ergänzt durch qualitative Untersuchungen des Mageninhaltes. Zu diesem Zweck wurden der Swist außerhalb der festgelegten Probestellen zu verschiedenen Jahreszeiten jeweils 20 Individuen verschiedener Größenklassen entnommen. Auf eine ausgewogene Verteilung der Geschlechter bei den Stichproben konnte nicht geachtet werden. Im Gegensatz zu vielen Populationen an anderen Orten, wo sich die ♂♂ gegenüber den ♀♀ durch längere Brustflossen auszeichnen (Sterba 1957, dort auch weitere Zit.), ist dieses Unterscheidungsmerkmal bei den Schmerlen in der Swist und Nebenbächen nicht eindeutig. Geschlechtsbestimmungen konnten also nur durch Sektion vorgenommen werden. Bei den August-Tieren konnten die Geschlechter auch mit dieser Methode nicht ermittelt werden, da die Laichperiode erst vor kurzem abgeschlossen und die Gonadenentwicklung dementsprechend gering war. Unter den Oktober-Tieren waren 6 ♂♂ und 6 ♀♀ bei 8 Individuen war die Einordnung nicht möglich. Im Frühjahr wurden 9 ♂♂ und 7 ♀♀ bestimmt, bei 4 Individuen blieb der Befund unklar. Insgesamt erschien das Geschlechterverhältnis ausgeglichen. Bei der Nahrungswahl ließ sich zwischen ♂♂ und ♀♀ kein Unterschied feststellen, gleiches gilt auch für die verschiedenen Größenklassen.

Bei 72% aller untersuchten Tiere überwogen Chironomidenlarven in der Nahrung mengenmäßig bei weitem. 37% hatten sie ausschließlich gefressen (Tab. 20). Lediglich in den Mägen von 5 Fischen waren sie nicht zu finden. Die relativ großen Mengen an Detritus und Sand geraten bei der gründelnden Nahrungssuche wohl unabsichtlich in den Magen-Darm-Trakt. Nur ein stark mit Cestoden parasitiertes, abgemagertes Stück hatte keine Nahrung aufgenommen. Die wichtigste Nahrungsgrundlage sind also zu allen Jahreszeiten Chironomidenlarven. Dies gilt auch für alle Altersstadien, mit Ausnahme vielleicht der frisch geschlüpften Jungtiere. Entsprechendes fand auch Perrin (1980) bei seinen Untersuchungen im Rhône-System vor.

Wichtige Gebiete für die Ernährung waren sandige oder mit anderen Feinsedimenten überdeckte Areale, wo die Schmerlen auch tagsüber aktiv beobachtet werden konnten. Derartige Zonen waren übersät mit kleinen, kraterförmigen Gruben, die durch die wühlende Art des Nahrungserwerbs geformt wurden.

Mageninhalt \ Datum	1.8.	11.10.	9.5.
Chironomidae	20	16	19
Baetis spp.	2	1	1
Insecta terrestrisch	–	2	–
Arachnida	–	2	–
Radix peregra ovata	–	2	–
Ostracoda	–	1	–
Asellus aquaticus	–	1	–
Detritus	7	7	8
Sand	5	5	–
leer	–	1	–

Tab. 20: Qualitative Zusammensetzung der Nahrung im Magen der Bachschmerle aus der Swist zu verschiedenen Jahreszeiten, N = 60

6.3 Vergiftungserscheinungen durch Ausscheidungen einer Schneckenart

Bei Fang und Hälterung der Bachschmerle, des Dreistachligen Stichlings, des Moderlieschens und anderer Fischarten muß streng darauf geachtet werden, daß die Tiere nicht zusammen mit der Wasserschnecke *Radix peregra ovata* in das Aufbewahrungsgefäß gelangen. Die Schnecke, die im Untersuchungsgebiet sehr häufig ist – stellenweise wurden Bestandsdichten von über 100 Individuen je m² festgestellt – sondert offenbar unter gewissen Umständen für Fische hochtoxische Substanzen ab. Bei Nichtbeachtung dieser Maßregel sterben die Fische innerhalb einer Minute unter krampfartigen Zuckungen ab. Dies geschah leider einmal mit zu vermessenden Bachschmerlen, Stichlingen und Moderlieschen, bevor der Zusammenhang erkannt worden war. Rechtzeitig bemerkt, d. h., sobald sich erste Unruheanzeichen zeigen, können die Fische durch raschen und vollständigen Wasserwechsel und Beseitigung aller Schnecken aus dem Hälterungsgefäß noch gerettet werden. Ungestört in ihrem Lebensraum belassen, scheinen die Schnecken das Gift nicht auszuscheiden. Zumindest waren häufig dichte Fischbestände zusammen mit reicher Schneckenbesiedlung zu beobachten. Vergleichbare Erfahrungen machte schon Wundsch (1930). Er schreibt unter anderem folgendes: „Die Schnecke *Limnaea* (Radix) *peregra* (Müll.) kann unter Umständen ein wasserlösliches Sekret erzeugen und ins Wasser abgeben, das in einiger Konzentration auf Fische nach Art eines schweren Nervengiftes wirkt. Die Wirkung äußert sich in starken klonischen Krämpfen, die in kürzester Zeit zum Tode führen. Rechtzeitig der Giftwirkung entzogen, können sich die Fische vollständig erholen. Das Gift wirkt durch Resorption von den Kiemen aus, nicht dagegen bei Aufnahme mit dem Darm. Vorbedingung für die Entstehung des giftigen Sekrets scheint eine Störung des Stoffwechsels der Schnecken durch ungünstige Lebensbedingungen zu sein, doch ist über diesen Punkt noch nicht ausreichende Klarheit gewonnen worden. Das Gift ist nicht in dem normalen Schleim der Schnecken enthalten, sondern stellt das Sekret eines inneren Organs dar, das nach Analogie mit Beobachtungen an anderen Mollusken vielleicht in der Leber zu vermuten ist. Der Giftstoff scheint ziemlich hitzebeständig, scheint aber durch organische Stoffe leicht gebunden zu werden. Alle Fische, mit Ausnahme des Aales, scheinen der Giftwirkung zu unterliegen. Auf Frösche wirkt das Gift nur bei Injektion in die Lymphsäcke, nicht durch Hautresorption, auch ist die Wirkung deutlich schwächer als bei Fischen. Krebstiere scheinen nicht beeinflußt zu werden."

Bei Transport und Hälterung von Fischen ist also die Anwesenheit von Schnecken streng zu kontrollieren, um eventuelle Verluste zu vermeiden.

6.4 Substratpräferenz

Die Bachschmerle toleriert eine große Spannbreite von Umweltbedingungen. Sie lebt sowohl in Mittelgebirgs- als auch Niederungsbächen, in weichem und hartem, schnell und langsam fließendem Wasser, erträgt Temperaturen nahe dem Gefrierpunkt bis 21° C und ist gegen Verschmutzung unempfindlicher als z. B. die Bachforelle. Die Art ist außerdem auf unterschiedlich strukturiertem Gewässergrund zu finden. Nach Smyly (1955) ist die Gestalt des Untergrunds in der Ökologie dieses Fisches ohne Bedeutung. Diese Aussage ist zu pauschal und weitgehend. Bei eigenen Freilanduntersuchungen zeigte sich durchaus eine unregelmäßige Verteilung auf unterschiedlichen Substraten. Jungtiere der Gruppe 0 (s. Kap. 6.1) waren vorzugsweise in sandigen oder mit Feinsedimenten überdeckten Bereichen zu finden. Die Hauptmasse der älteren Gruppen bevorzugten gedeckte Hohlräume in groben Sedimenten. Die hier vorgelegte Untersuchung soll die Freilandbeobachtungen durch das Experiment absichern. Die Versuchsanordnung wird in Kap. 3.3.2 beschrieben. Unterschiede im Wahlverhalten gegenüber Substraten verschiedener Korngrößen wurden mit Altersgruppe 0 und 2 (vgl. Abb. 14) durchgeführt. Bei Betrachtung des Schaubildes (Abb. 18) zeigen sich sofort klare Unterschiede in der Präferenz. Die Gruppe 0 (juvenil) bevorzugte eindeutig Sand, während Gruppe 2 (adult) größere Steine (15 cm Ø) wählte. Letztere Größenklasse bezog ein möglichst weiträumiges Hohlraumsystem. Die Tiere zeigten im Gegensatz zu Befunden bei der Groppe *(Cottus gobio)* nicht das Bestreben, sich in möglichst enge Lückensysteme zurückzuziehen (vgl. Bless 1983). Eine Beeinflussung des Wahlverhaltens durch unterschiedliche Strömungsgeschwindigkeiten und andere Gradienteneinflüsse, etwa bezüglich Licht oder Sauerstoffgehalt, wie sie im Versuchsbecken zwangsläufig auftraten, konnte bei keinem Tier beobachtet werden.

Gruppe 0 bewegte sich im Gegensatz zu Gruppe 2 tagsüber viel, ohne in die Lückensysteme einzudringen. Es zeigten sich also während der belichteten Phase signifikante Unterschiede im Verhaltensmuster der geprüften Generationen.

Die räumliche und zeitliche Trennung der Individuen und der Schwerpunkt ihrer Aktivitätsphasen vermindert innerartliche Konkurrenz, erlaubt optimale Ausnutzung der Nahrungsgrundlage und verhindert besonders bei Jungtieren die passive Verdriftung. Ihre bevorzugten Substrate liegen ja in strömungsarmen Bereichen. Das hier beschriebene Wahlverhalten großer Bachschmerlen betrifft ihre Ruhephase. Zur Nahrungsaufnahme werden ebenfalls Feinsubstrate aufgesucht (s. Kap. 6.2). Diese können aber auch dauerhaft besiedelt werden, wenn geeignete Versteckmöglichkeiten vorhanden sind. Bei den geschlechtsreifen Schmerlen handelt es sich nicht um eine echte Präferenz grober Substrate. Entscheidend sind gedeckte Hohlräume, die auch durch andere Strukturelemente im Gewässerbett geliefert werden. Als Beispiel können Wasserpflanzenpolster oder unterspülte Baumwurzeln genannt werden.

Es zeigte sich also, daß die Ansprüche an den Lebensraum während der Individualentwicklung wechseln. Zur Abwicklung des vollständigen Lebenszyklus sind unterschiedliche Elemente des Gewässergrundes unerläßlich. Ausgeglichene Bevölkerungsstrukturen mit hoher Reproduktionsrate finden sich nur in Bereichen, wo diese Anforderungen an das Bachbett gegeben sind. Ein Vergleich verschiedener Probestellen (Tab. 3 und 9 sowie Abb. 6 und 9) bestätigen dies. Der begradigte, durch Steinschüttung befestigte Abschnitt A 6 des Altendorfer Baches ermöglicht der Schmerle nicht den Aufbau einer sich selbst erhaltenden Population. Die Swist bei S 6 weist ein vielfältiges Flächenmosaik verschiedener Substrate auf. Hier finden sich alle Altersstadien in großer Individuenfülle.

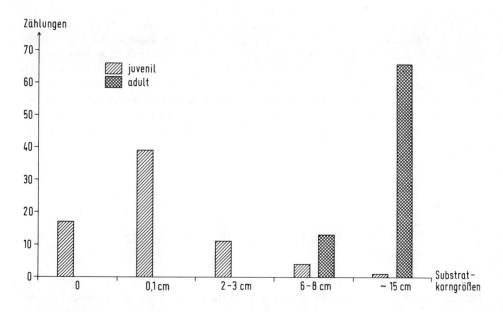

Abb. 18: Substratpräferenz verschiedener Größenklassen der Bachschmerle

6.5 Verhalten in der Strömung

Neben den verschiedenen Merkmalen der Wasserqualität, des Nahrungsangebots und der strukturellen Eigenschaften des Lebensraumes ist der Faktor Strömung für viele Fließgewässer bewohnende Arten von entscheidender Bedeutung. Zahlreiche Untersuchungen wurden dem Verhältnis zwischen Arten und Strömung gewidmet. Dorier u. Vaillant (1954) prüften verschiedene Wirbellose. Die Ergebnisse waren nicht immer ganz klar, da viele Arten im Lückensystem des Substrates oder in Pflanzenpolstern leben, wo wenig Strömung herrscht. Ambühl (1959) stellte außerdem fest, daß selbst in der stärksten Strömung über der flachen Oberfläche von Steinen eine dünne Schicht unbewegten Wassers anliegt. Die Dicke dieser Schicht entspricht der vieler hier lebenden Tierarten. Sie halten sich also praktisch in einer stagnierenden Wasserzone auf, obwohl in nächster Umgebung erhebliche Strömungsgeschwindigkeiten herrschen können. Diese Befunde gelten für Fischarten aufgrund ihrer Körpergröße und Lebensweise nur teilweise. Die Bachschmerle etwa verläßt zur Nahrungsaufnahme oder anderen Aktivitäten ihren Ruheplatz, verliert beim Schwimmen zeitweise den Bodenkontakt und gerät in die volle Strömung. Die Strömungsgeschwindigkeit im freien Wasserkörper ist also für das Vorkommen und die Verbreitung der Art eine wichtige Größe. Werden Grenzwerte dauerhaft überschritten, verliert sie ihre Existenzmöglichkeit. In der folgenden Darstellung soll die Dimension dieser Grenzwerte aufgeklärt und damit ein wesentlicher Baustein zur Definition ihrer Habitatansprüche geliefert werden. Die Versuchsanordnung wurde in Kap. 3.3.1 beschrieben.

Im Schaubild (Abb. 19) wurden neben den gemessenen Werten die errechneten Regressionsgeraden eingetragen. Die insgesamt drei Wertegruppen bezeichnen charakteristische Verhaltensweisen verschiedener Größenklassen der Bachschmerle bei unterschiedlichen Strömungsgeschwindigkeiten. Die Wertegruppen der Regressionsgeraden, die Verdriftung und Aufstieg der Tiere gegen die Strömung beinhalten, hüllen eine spezielle Reaktionsform ein. Diese soll hier Verzögerungsphase genannt werden. Verzögerungsphase bedeutet, die Tiere können sich in der Strömung halten, ohne verdriftet zu werden. Es gelingt ihnen jedoch nicht aufzusteigen. Entsprechend der Lage der Daten (s. Abb. 19) stellt diese Phase den Übergang zur Verdriftung dar. Den Individuen wird unter diesen Strömungsbedingungen keine dauerhafte Existenz ermöglicht, da der Energieaufwand zur Haltung des Standortes zu groß wird. Aus der Grafik ist weiter ersichtlich, daß sich die Lage der Strömungsgrenzwerte mit zunehmender Körperlänge verändert. Führt man mit diesen Daten eine Korrelationsanalyse Körpergröße – Schwimmvermögen unter Berücksichtigung der verschiedenen Reaktionsformen durch, so ist eine hochsignifikante Korrelation festzustellen (Tab. 21). Die Kraft größerer Tiere, Strömung zu überwinden bzw. ihr standzuhalten, ist also eindeutig höher als die jüngerer Individuen.

Reaktionstyp	r	P
Aufstieg	0,79	< 0,001
verzögerte Verdriftung	0,91	< 0,001
Verdriftung	0,87	< 0,001

Tab. 21: Korrelationsanalyse Körpergröße – Schwimmvermögen in der Strömung bei
N. barbatulus
r: Korrelationskoeffizient   P: Signifikanzniveau

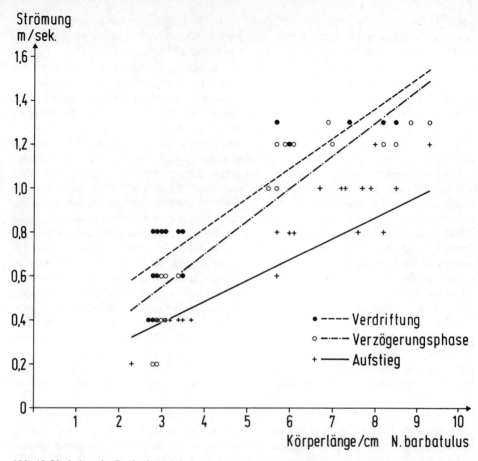

Abb. 19: Verhalten der Bachschmerle bei verschiedenen Strömungsgeschwindigkeiten

Als Ergebnis dieser Untersuchung kann gelten, daß in Lebensräumen der Bachschmerle die maximale Strömungsgeschwindigkeit auf Dauer nicht über 1,0 m/sec liegen darf. Für die Jugendstadien sind strömungsberuhigte Zonen von nicht mehr als 0,2 m/sec von existentieller Bedeutung. Übergänge zwischen den Eckwerten sollten vorhanden sein.

Diese Befunde lassen sich mit den Ergebnissen zur Substratpräferenz gut zur Deckung bringen. Dort wurde ja nachgewiesen, daß die Jungtiere feine Substrate bevorzugten, die sich nur in Bereichen langsamer Strömungsgeschwindigkeit ablagern können. Größere Schmerlen hingegen wählten Flächen mit hohlraumreichen Grobsubstraten, die durch stärkere Strömung unterhalten werden.

6.6 Ausbreitungspotenz

Der Beginn der Wiederausbreitung der Bachschmerle im oberen Swistsystem wurde, wie in Kap. 4 gezeigt, durch die Verbesserung der Wasserqualität ausgelöst. Zum Zeitpunkt der Untersuchung war dieser Vorgang schon weitgehend abgeschlossen, so daß der Verlauf nicht beobachtet werden konnte. Es soll nun versucht werden, diese Entwicklung zu rekonstruieren. Dem Vorhaben kam ein Störfall zu Hilfe. Während die Auswirkungen für die Gewässerbiozönose katastrophal waren, boten sie dem Untersucher ideale Möglichkeiten, die Rekolonialisierung eines verwaisten Lebensraumes zu verfolgen.

Am 11. 8. 1983 gelangten Abwässer einer Meckenheimer Konservenfabrik durch ein technisches Versehen infolge fehlerhaften Anschlusses an einen für Oberflächenwasser bestimmten Kanal in die Swist. Das an organischen Verbindungen reiche Abwasser hätte eigentlich erst nach Passage eines Klärwerkes eingeleitet werden dürfen. Die Folge war eine fast vollständige Verödung der Swist von der Einleitung unterhalb Meckenheim bis zum Ortsausgang Flerzheim bei Probestelle S 7. Weiter bachabwärts entfaltete die Abwasserfahne aus der Kläranlage Flerzheim ihre Wirkung, so daß eine weitere Schädigung der hier anzutreffenden abwasserresistenten Biozönose durch die zusätzliche Schadstofffracht aus dem Meckenheimer Störfall nicht mehr zu beobachten war. Auf einer Strecke von 2,8 km war das meiste Leben erloschen. 10 Tage vor diesem Ereignis, am 1. 8. 1983, war der betreffende Abschnitt bereits untersucht worden. Auf der ganzen Länge zeigte sich eine dichte Besiedlung durch Bachschmerle und Dreistachligen Stichling, die Schnecke *Radix peregra ovata* war außerordentlich häufig. Am 15. 8., also vier Tage nach der Katastrophe, wirkte der Bach schon beim ersten Anblick stark geschädigt. Über dem Gelände hing ein intensiv saurer, an Silageabwasser erinnernder Geruch. Auf dem Gewässergrund hatten sich schwarze Ablagerungen abgesetzt. Der dichte Bestand an grünen Fadenalgen war zu einer fauligen Masse verfallen. Tote Schnecken, Insektenlarven, Bachschmerlen und Stichlinge fanden sich an strömungsarmen Stellen in Massen zusammengespült. Äußerlich unbeschadet überlebten in großer Zahl rote Chironomidenlarven und der Egel *Erpobdella octoculata*. Eine andere Egelart, *Haemopis sanguisuga,* wurde lebend, aber offenbar stark geschädigt angetroffen. Die Tiere waren fast bewegungsunfähig und konnten ihren Körper kaum kontrahieren. Oberhalb der Einleitung bei Probestelle S 6 zeigte sich nach wie vor eine arten- und individuenreiche Besiedlung (s. Tab. 5).

So deprimierend der Anblick nach der erst jüngst eingeleiteten positiven Entwicklung auch war, sollte das Ereignis doch dazu benutzt werden, die Wiederbesiedlung des verwaisten Abschnittes durch die Bachschmerle zu beobachten und zu verfolgen. Zu beantwortende Fragen waren

a) Geschwindigkeit des Besiedlungsvorganges
b) Anteil der verschiedenen Generationen an diesem Vorgang
c) diurnale und saisonale Unterschiede.

Zur Bearbeitung dieser Fragestellungen wurden zwei Methoden angewandt:

1. Regelmäßige Begehung des Bachbettes und Feststellung der Besiedlungsfront durch Beobachtung und Kontrolle mit Netzfängen;
2. Aufstellung von Reusen (Beschreibung in Kap. 3.2) entsprechend Abb. 20. Die Reusen sperrten an einer Schmalstelle den Bach, so daß fast die gesamte fließende Welle durch die stromauf gerichteten Reusenöffnungen gehen mußte. Eine stromab gerichtete Reuse diente zu Kontroll- und Vergleichsuntersuchungen. Die Reusen wurden täglich kurz nach Sonnenaufgang und kurz vor Sonnenuntergang geleert. Insgesamt wurden zwei zeitlich und räumlich aufeinander folgende Fangperioden angesetzt. Die erste dauerte vom 30. 8. bis 17. 9. 1983 auf der Position 150 m unterhalb der fehlerhaften Einleitung. Die Strömungsgeschwindigkeit bei Niedrigwasser betrug 0,55 m/sec, konnte bei Hochwasserständen aber erheblich höher sein. Werte bis zu 1,5 m/sec wurden gemessen. Die 2. Periode lief anschließend vom 18. 9. bis 2. 10. 1983 und lag ca. 300 m bachabwärts. Das Wasser floß mit 0,2 m/sec recht langsam, da das Bachbett hier breiter ist. Die Reusen konnten also nicht die gesamte Bachbreite erfassen.

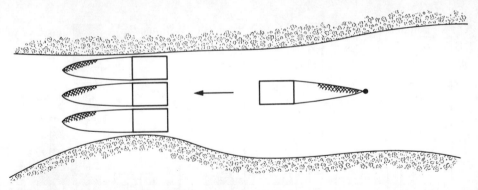

Abb. 20: Anordnung der Reusen in der Wiederbesiedlungsstrecke

Die beiden Fangperioden umfaßten insgesamt 34 Tage. Am ersten Versuchstag wurden die Fanggeräte in einiger Entfernung vor der Spitze der Wiederbesiedlungsfront eingebaut. Nach Ablauf von drei Tagen wurden die ersten Schmerlen gefangen.

Zunächst zeigten sich nur Tiere über 6,5 cm Körperlänge. Nach zwei weiteren Tagen traten auch einzelne, etwas kleinere Individuen auf. Nach sieben Tagen erst fing sich die kleinste Größenklasse, also die in diesem Sommer geschlüpften Fische. Am 20. Untersuchungstag wurde die Fanganlage bachabwärts versetzt, um den Durchgang der abwandernden Tiere erneut kontrollieren zu können. Auch bei der zweiten Untersuchungsperiode stellten sich die verschiedenen Größenstufen voneinander getrennt mit erheblicher zeitlicher Verzögerung ein. Entsprechend ihres besseren Schwimmvermögens (s. Kap. 6.4) wandern also die größeren Individuen schneller als kleinere. Im Schaubild (Abb. 21) fallen bei den Tagesfängen am 11. und 16. Untersuchungstag besonders hohe Werte auf. An diesen Tagen trat nach ausgiebigen Regenfällen Hochwasser auf. Die daraus resultierende starke Strömung verdriftete zumindest einen erheblichen Teil der gefangenen Schmerlen passiv. Dies ist um so wahrscheinlicher, als gerade an diesen beiden Tagen der überwiegende Teil der Tiere stark parasitiert und geschwächt war. Die Parasiten waren ohne Sektion durch die Bauchwand zu erkennen. Bei den stark abgemagerten Fischen trat der sonst runde Rücken als scharfer Grat hervor. Passive Verdriftung kann auch bei einem Teil der kleinsten Individuen von 3 cm Länge angenommen werden. Sieht man sich in Abb. 19 das Verhalten bei verschiedenen Strömungsgeschwindigkeiten an, so ist zu erkennen, daß kleine Schmerlen schon bei 0,4 m/sec verdriftet werden. Im Bereich der ersten Fangperiode wurden demgegenüber Werte von über 0,5 m/sec gemessen. Allerdings muß man berücksichtigen, daß vitale Tiere schnell wieder aus der Drift ausscheiden können, indem strömungsarme Zonen aufgesucht werden. Der passive Charakter des Driftvorganges muß also bei gesunden Tieren etwas relativiert werden. Verfrachtung durch Strömung ohne große Eigenaktivität ist bei der Bachschmerle aber zumindest temporär ein Mechanismus der Ausbreitung.

Nebenbei bemerkt war die Schnecke *Radix peregra ovata* auffällig häufig im Beifang der Reusen vertreten. Das Tier ist in der Lage, mittels eines Schleimbandes an der Wasseroberfläche entlang zu kriechen. Diese Bewegungsform ermöglicht es der Schnecke, in die Drift zu geraten und schnell über eine große Strecke transportiert zu werden. Während der Untersuchung wurden Tausende von Individuen in den Reusen gefangen. Nach dem Ablaufen der Vergiftungswelle hatte *Radix peregra ovata* nach wenigen Wochen die verödete Strecke wieder besetzt und sich als außerordentlich guter Kolonisator erwiesen. Begünstigt wurde dieser Vorgang durch die sehr dichten Schneckenpopulationen oberhalb der Einleitung.

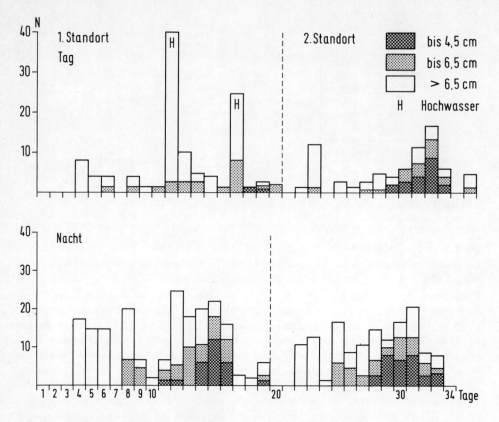

Abb. 21: Individuenzahl (N) und Größengruppierung der Bachschmerle aus den Reusenfängen in der Wiederbesiedlungsstrecke

Während der 34 Fangtage wurden insgesamt 582 Individuen der Bachschmerle erbeutet. Im Tagesgang stellten sich deutliche Unterschiede in der Fanghäufigkeit heraus. Von Sonnenaufgang bis Sonnenuntergang gingen 33,7 %, während der Nacht 66,3 % aller Individuen in die Reusen. Der Schwerpunkt der Wanderungsaktivität lag also in der unbelichteten Phase, wenngleich man auch tagsüber nicht von Inaktivität sprechen kann. Besonders am 31. Tag zeigten die Jungtiere tagsüber starke Bewegung.

Gliedert man die Fänge nach Altersgruppen entsprechend der Befunde nach Kap. 6.1, so ergibt sich folgende Tabelle (Tab. 22).

Gruppe	N	%
0	164	28,2
1	342	58,7
2 und älter	76	13,1

Tab. 22: Aufgliederung der Reusenfänge (N) nach Altersgruppen

Man erkennt eindeutig, daß Gruppe 1, also die im Vorjahr geschlüpften Schmerlen, mit 58,7 % bei weitem in der Überzahl ist. Vergleicht man die Werte mit der Alters- bzw. Größenstruktur der Population im nahegelegenen, von der Vergiftung nicht betroffenen Punkt S 6 (Abb. 6), so zeigt sich eine erhebliche Überrepräsentation dieser Gruppe. Sie scheint also eine besondere Bedeutung bei der Ausbreitung der Art zu haben. Auch bei anderen Fischarten wurde beobachtet, daß ein Teil der Population als eine sogenannte „mobile Komponente" angesehen werden kann. Nach Kennedy u. Pitcher (1975) machte diese bei der Ellritze 10−30 % der Gesamtpopulation aus. Man kann annehmen, daß dieser „mobile" Teil der Population für die Rekolonialisierung von Gewässerabschnitten nach Katastrophen sehr wichtig ist (vgl. Berra u. Gunning 1970, Stott 1967).

Mit einer stromabwärts gerichteten Reuse wurden Kontrollfänge gemacht, um eindeutige Aussagen über die Hauptwanderrichtung machen zu können. Bei beiden Untersuchungsphasen traten in der Kontrollreuse nur einzelne Schmerlen gegen Ende der Exponierung auf. Zu diesem Zeitpunkt hatte sich schon ein relativ dichter Bestand der Schmerle am Fangort eingestellt. Es muß also überwiegend von einer gezielten Wanderbewegung in Richtung des verwaisten Lebensraumes ausgegangen werden.

Der Fortgang und die Geschwindigkeit der Wiederbesiedlung wurden mittels wöchentlicher und später monatlicher Stichproben verfolgt (s. Abb. 22).

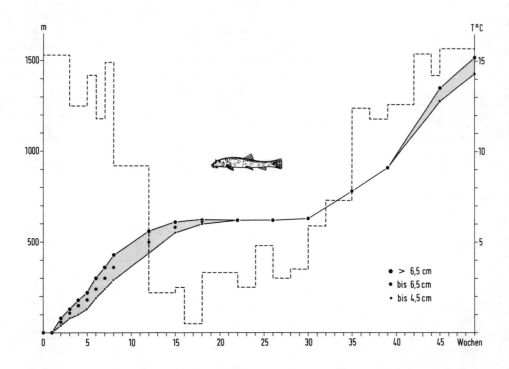

Abb. 22: Arealgewinn (m) verschiedener Größenklassen der Bachschmerle in der Wiederbesiedlungsstrecke und Jahresgang der Wassertemperatur (T° C)

Schon bei den ersten Probenahmen fiel auf, daß die Ausbreitungsgeschwindigkeit offenbar von der Körpergröße der Tiere abhängt, wie dies ja auch schon aus den Reusenfängen ersichtlich war (vgl. Abb. 21). Verschiedene Größenklassen lassen sich im Schaubild deutlich trennen. Insbesondere die Gruppe bis 4,5 cm bleibt anfangs immer mehr zurück. Mit abnehmenden Wassertemperaturen ändert sich das Bild. Die Wandergeschwindigkeit der Gruppe über 6,5 cm nimmt ab, während sie bei der Gruppe mit den geringsten Körperdimensionen zunächst fast konstant bleibt. Die Werte für die mittlere Größenklasse (vgl. Abb. 21) liegen intermediär.

Die schwerpunktmäßig nachtaktiven Adulten reduzieren die Ausbreitungsbewegung früher als die mehr tagaktiven Juvenilen, da die fallenden Temperaturminima während der Nacht ihre Aktivität zunehmend einschränken. Es wurde ja bereits früher beschrieben, daß unterhalb ± 5° C Wassertemperatur die Tätigkeit der Bachschmerle stark absinkt. Tagsüber tritt besonders in den langsam strömenden, besonnten Bachabschnitten Erwärmung ein, so daß die Aktivität der Jungtiere länger begünstigt wird. So erfolgt zum Spätherbst das Aufschließen der kleineren Schmerlen zur Spitzengruppe. Bei weiter sinkenden, permanent niedrigen Temperaturen unter 5° C kommt die Ausbreitungsbewegung insgesamt fast völlig zum Erliegen. Mit den im Frühjahr steigenden Wassertemperaturen ab der 35. Woche ist wieder Arealgewinn zu beobachten. Dieser verstärkt sich in der weiteren zeitlichen Abfolge. Es kommt wie in der Anfangsphase wieder zu einer Entflechtung verschiedener Größenklassen. Infolge des starken Frühjahrswachstums (vgl. Abb. 15) tritt die kleinste Gruppe allerdings nicht mehr in Erscheinung.

Die Geschwindigkeit der aktiven Wiederbesiedlung im Gegensatz zur mehr oder weniger passiven Verdriftung wird nach diesen Befunden durch die Faktoren Körpergröße und damit Schwimmkraft und Wassertemperatur zur diurnalen Hauptaktivitätsphase gesteuert. Nach Ablauf eines Jahres war die Bachschmerle in der Lage, ± 1,5 km Bachstrecke wieder vollständig in Besitz zu nehmen. Die Spitzengruppe mit driftenden Exemplaren stieß sogar noch weiter vor. Zum Ende der Untersuchungen im Juli 1984 war im gesamten Abschnitt überall diesjährige Brut zu beobachten, was für den Erfolg der Rekolonisation spricht.

6.7 Rekonstruktion der Ausbreitungsbewegung

Die Ergebnisse aus den Untersuchungen dieses exemplarischen Störfalles erleichtern nun die Rekonstruktion des zeitlichen Ablaufes der Wiederbesiedlung im oberen Swistsystem und die Erklärung des gegenwärtigen Verteilungsmusters. In Kap. 4 waren ja einige Fragen offen geblieben.

Die bisherigen Untersuchungen zeigten, daß die Güte des Wassers für das Auftreten und das Gedeihen der Bachschmerle von großer, aber nicht ausschließlicher Bedeutung ist. Es mußten daher noch andere Hemmfaktoren existieren. Um diese ausfindig zu machen, wurde das gesamte Gewässersystem abgeschritten. Dabei konnte eine Vielzahl von mechanischen Hemmnissen in Form von Wehren, Sohlabstürzen und Verrohrungen festgestellt werden. Nach ihren Merkmalen, insbesondere Fallhöhe und Strömungsgeschwindigkeiten, stellen sie für Kleinfische unüberwindliche Barrieren dar. Die örtliche Lage wurde in Abb. 23 eingetragen. Aus der Grafik geht hervor, daß sich nur zwei Schmerlenpopulationen quellaufwärts derartiger Hindernisse gehalten hatten, und zwar in der Swist oberhalb von Esch (s. Karte, Abb. 2) und im Morsbach. Zieht man die Ergebnisse früherer Untersuchungen zur Wassergüte heran, so zeigt sich, daß die Swist vor 1976 von S 3−S 8 stark verunreinigt − entsprechend Wassergütestufe III − war (Gewässergütekarte NRW 1975/76). Untersuchungsergebnisse aus quellnahen Bereichen liegen nicht vor. Da sich die Verhältnisse hier

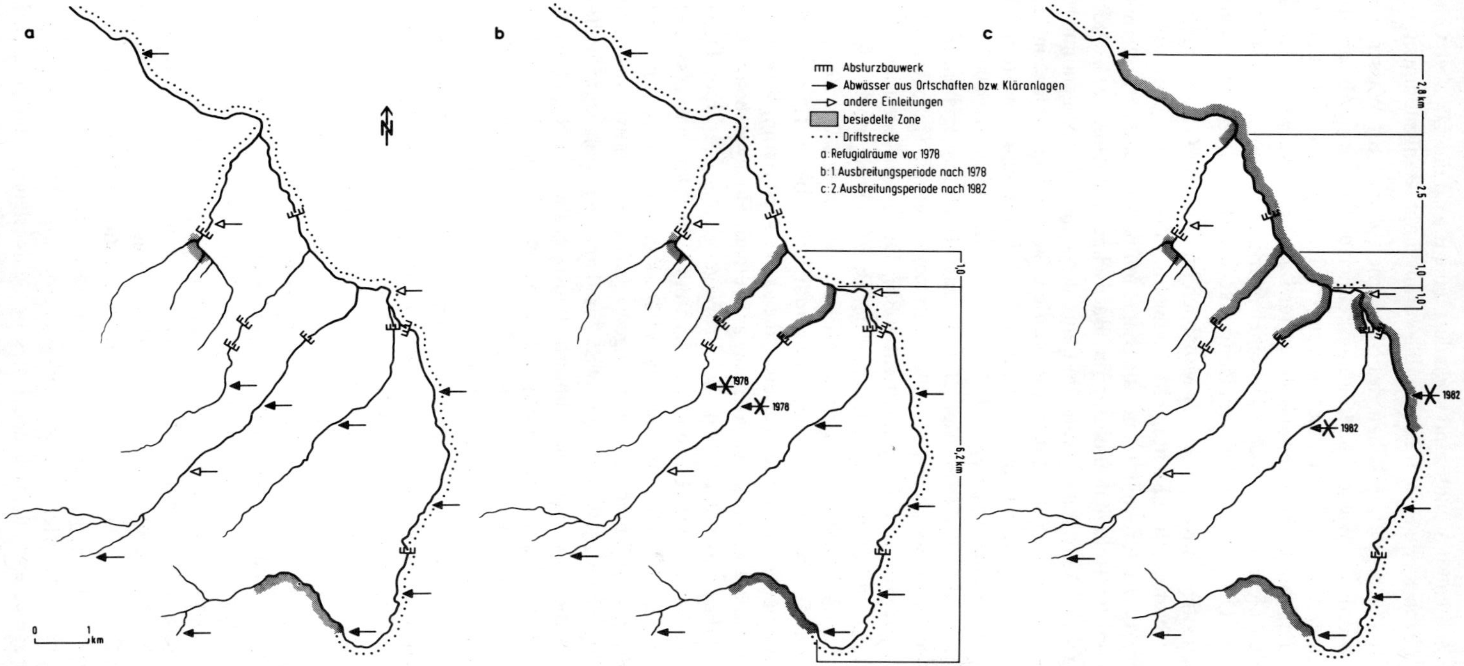
a
b
c
N
0
1 km
Absturzbauwerk
Abwässer aus Ortschaften bzw. Kläranlagen
andere Einleitungen
besiedelte Zone
Driftstrecke
a: Refugialräume vor 1978
b: 1. Ausbreitungsperiode nach 1978
c: 2. Ausbreitungsperiode nach 1982
1978
1982
1,0
6,2 km
2,8 km
2,5

Abb. 23: Rekonstruktion der Wiederbesiedlung des oberen Swistsystems durch die Bachschmerle

aber seit der Zeit kaum grundlegend verändert haben, wird die damalige Gütestufe bei der quellnächsten Probestelle S 1 mit II − mäßig verunreinigt − angenommen.

Nach unveröffentlichten Protokollen des Staatlichen Amtes für Wasser- und Abfallwirtschaft, Bonn, wurde das Wasser im Mündungsbereich des Gelsdorfer Baches 1966 als jauchig und schlammig bezeichnet. Besiedelt war der Abschnitt hauptsächlich durch abwasserresistente Arten. Für den Altendorfer und Ersdorfer Bach liegen keine älteren Daten vor. Rein visuell machten diese Bäche noch 1977 einen stark verschmutzten Eindruck, zumal die namengebenden Ortschaften zu diesem Zeitpunkt ihre Abwässer noch einleiteten.

Nach der oben zitierten Karte wies der Morsbach im Oberlauf Gewässergüte I bzw. II auf; dieses verschlechterte sich in Richtung Mündung bis auf IV − sehr stark verunreinigt. Diese Merkmale der Gewässerqualität und die Lage unüberwindbarer Hindernisse lassen die Rekonstruktion der Refugialräume für die Bachschmerle (Abb. 23a) eindeutig zu. Eine Veränderung dieser Verhältnisse kann im Laufe des Jahres 1978 angenommen werden. Die Ortschaften Altendorf und Ersdorf wurden an die Verbandskläranlage in Flerzheim angeschlossen, so daß die Belastung der Bäche erheblich vermindert wurde. 1981 wurde die Gewässergüte im Mündungsbereich des Altendorfer Baches mit II, 1982 die des Ersdorfer Baches mit II und des Altendorfer Baches mit II−III angegeben. Die Qualität des Swistwassers wechselt zwischen II−III unterhalb bzw. oberhalb von Meckenheim und III im näheren Ortsbereich (Gewässergütebericht 1982). Diese Veränderungen des Verschmutzungsgrades lassen die Vermutung zu, daß es der Bachschmerle möglich war, den Unterlauf des Altendorfer und Ersdorfer Baches nach 1978 zu besiedeln. Die Befunde nach Abb. 21 zeigten, daß mit den hohen Strömungsgeschwindigkeiten bis zu 1,5 m/sec bei Hochwasser vermehrt Schmerlen in die Reusen gerieten; die aktive Ausbreitungsbewegung wurde durch verdriftete Exemplare verstärkt. Regelmäßig auftretende Hochwasserstände verfrachten also einen Teil der Fische stromab. Auf diesem Wege geraten sie unter Umständen in den Lockstrom von Nebengewässern und wandern ein. Wird dort das gesamte Spektrum der lebensnotwendigen Umweltbedingungen geboten, kann sich eine eigenständige Population entwickeln, die nicht auf ständigen Zuzug angewiesen ist. Eine aktive Ausbreitungsbewegung aus dem Refugialbereich der oberen Swist zur damaligen Zeit kann nicht angenommen werden, da sich die Gewässerqualität unterhalb nicht grundsätzlich gebessert hatte und eine derartige Entwicklung auch heute noch nicht zu beobachten ist. Entsprechend der aktiven Ausbreitungsgeschwindigkeit von 1,5 km im Jahr (vgl. Abb. 22) hätte die Bachschmerle den Altendorfer Bach außerdem frühestens 4 Jahre, den Ersdorfer Bach erst 5 Jahre nach Schließung der Einleitungen 1978 erreichen können. 1983 waren die genannten Bäche aber bereits besiedelt. Zuwanderung aus dem näheren, unterhalb gelegenen Morsbach kommt nicht in Frage, da die betroffenen Gewässerabschnitte unter anderem durch eine wegen hoher Strömungsgeschwindigkeiten unüberwindlichen Sohlrampe voneinander isoliert waren (Abb. 23b).

Den Abschluß der rekonstruierten Schmerlenvorkommen im oberen Swistsystem bildet die Darstellung der Befunde aus den Jahren 1983/84 (Abb. 23c). 1982 wurden, wie bereits berichtet, die Ortschaften Eckendorf und Gelsdorf an ein zentrales Klärwerk angeschlossen. Als Reaktion darauf verbesserte sich in den betreffenden Bereichen des Gelsdorfer Baches und der Swist die Gewässergüte auf II (vgl. Gewässergütebericht 83, Nolden 1984), und die Bachschmerle weitete ihr Siedlungsgebiet erheblich aus. Innerhalb eines Jahres war es ihr möglich, die Swist zwischen Eckendorf und Flerzheim fast vollständig zu besetzen. Ihre Kolonisierungsgeschwindigkeit erlaubte vollständige Besetzung der Zone oberhalb der Einmündung des Gelsdorfer Baches bis unterhalb der Mündung des Morsbaches. Außerhalb dieses Zentralgebietes muß der nachgewiesene Schmerlenbestand durch driftende Exemplare gegründet worden sein, da stromauf gerichtete Zuwanderung durch unüberwindliche Sperren verhindert wird, die Ausdehnung der stromab besiedelten Strecke die aktive Ausbreitungspotenz eines Jahres übersteigt. Als zu besiedelnde Strecke wurden hier 2,8 km bis zur Einmündung der Abwässer der Kläranlage Flerzheim zugrunde gelegt (Abb. 23c). Die Besiedlung dieser Strecke nach 1982 ist vom Mündungsgebiet des Morsbaches – hier hält sich permanent eine Schmerlenpopulation auf – und von oberhalb gelegenen Swistabschnitten ausgegangen.

Auslösendes Moment für eine Arealausweitung war also die Verbesserung der Wasserqualität in der Swist und Nebenbächen. Diese dynamische Entwicklung konnte solange anhalten, bis sie an unüberwindbare Grenzen stieß. Eine Form des Hindernisses war die Einleitung konzentrierter Abwässer wie der des Klärwerkes Flerzheim. Andere Hemmfaktoren zeigten sich im Gelsdorfer, Altendorfer und Ersdorfer Bach. Das Vordringen der Bachschmerle in diesen Gewässern kam vor Absturzbauwerken und Verrohrungen zum Erliegen. Alte Sohlschwellen mit nur 20 cm Fallhöhe wie im Ersdorfer und Altendorfer Bach stoppten die Ausbreitung (Abb. 24). Im Gelsdorfer Bach kam sie schon ca. 200 m oberhalb der Mündung vor einer verrohrten Wegunterführung ebenfalls mit einer Fallhöhe von 20 cm zum Halten (Abb. 25). Als weiteres Hindernis stellten sich lange und enge Verrohrungen ohne Wasserabsturz heraus. Zwischen dem Feuchtgebiet „Weesgesweg", einem Weihergelände, und dem Altendorfer Bach besteht eine 250 m lange zuführende Rohrleitung, deren Durchmesser 30 cm beträgt. Die Strömungsgeschwindigkeit am Ausgang des Rohres beträgt bei Niedrigwasser 0,3 m/sec. Die Wasserstände schwankten meist zwischen 4 bis 10 cm Höhe. Um die Hinderniswirkung dieser Rohrleitung zu prüfen, wurde die Einströmöffnung der Rohrleitung mit einer Reuse abgesperrt. Zur gleichen Zeit war vor der Ausströmöffnung eine erhebliche Individuenansammlung bis über 200 Tiere pro m^2 zu beobachten (Abb. 26). Während des Untersuchungszeitraumes konnte kein Individuum die Rohrleitung gegen die Strömung durchqueren. Die extreme Verdichtung vor der Ausströmöffnung kann nur durch den Stau einer Ausbreitungsbewegung erklärt werden. Ähnliche Ansammlungen wurden vor Sohlschwellen im Altendorfer Bach und Ersdorfer Bach beobachtet.

Nahrungserwerb kann für derartige Konzentrationen nicht verantwortlich sein, da sie über mehrere Wochen unvermindert anhalten und die örtlichen Nahrungsressourcen schnell erschöpft sein müssen. Bei Probeuntersuchungen zeigte sich außerdem, daß viele Tiere einen leeren Magen-Darm-Trakt hatten. Reproduktionsverhalten kann ebenfalls ausgeschlossen werden, da ein großer Teil der untersuchten Fische im Frühsommer keine reifen Geschlechtsprodukte trug.

Von 54 der vermessenen Schmerlen waren 42 der Altersgruppe 1, also der „mobilen Komponente" der Population, zuzuordnen. Die Gruppe war ja auch besonders aktiv bei der Wiederbesiedlung des verödeten Swistabschnittes.

Verrohrungen von Bächen wie die hier beschriebene oder Absturzbauwerke mit nur 20 cm Fallhöhe stellen eine Biotopschranke dar, die für viele Arten nicht zu überwinden ist. Wie Abb. 23b, c zeigen, wird über Jahre die Besiedlung weiter Bachabschnitte verhindert.

Neben dieser absoluten Sperrwirkung entfalten gewässerbauliche Hindernisse unter gewissen Umständen einen „Ventileffekt". Das bedeutet für die oberhalb einer Sperre lebenden Populationen, daß einzelne Individuen mit der Strömung über dieses Hindernis gelangen können. Andererseits ist Zuwanderung von unterhalb gelegenen Abschnitten nicht möglich. Die Population ist also isoliert. In unserem Beispiel gilt dies für die Oberläufe der Swist und des Morsbaches (vgl. Abb. 23).

Abb. 24: Sohlschwelle im Altendorfer Bach

Abb. 25: Verrohrte Wegunterführung im Gelsdorfer Bach

Abb. 26: Gitternetz – 1 m² über Bachschmerlenansammlung vor Verrohrung

7. Diskussion

Bei allen Untersuchungen der Gewässerfauna ist es wichtig darüber nachzudenken, ob die Abwesenheit einer Art in ungünstigen Umweltbedingungen oder in ihrem Unvermögen, den Ort zu erreichen, begründet liegt. Süßwassertiere haben unterschiedliche Ausbreitungsstrategien (Macan 1961).

1. Tiere oder Dauerstadien sehr kleiner Arten, die durch den Wind verbreitet werden, z. B. verschiedenste kosmopolitische Kleinkrebse.

2. Insekten, deren geflügelte Stadien das Gewässer verlassen und auf dem Luftweg neue Lebensräume erschließen können.

3. Größere Organismen, die ständig im Wasser leben und auf passierbare Wanderwege innerhalb der Gewässer angewiesen sind, z.B. Mollusken und Fische.

Es gibt aber keine systematischen Studien über das Problem, wie Arten der dritten Gruppe über Landbarrieren gelangen, wenn auch einige Beobachtungen, beispielsweise zum Transport von Süßwassertieren durch Vögel, vorliegen. So ist etwa eine Ente, die in der Sahara erlegt wurde, berühmt geworden. An ihren Füßen befand sich der frische Laich einer Wasserschnecke, über 100 Meilen vom nächsten Süßwasser entfernt (Thienemann 1950). Niethammer (1953) entdeckte im Hochland von Peru im Bauchgefieder einer aus der Luft geschossenen Ente eine Anzahl ausgewachsener, lebendiger Krebse (Amphipoda). Man muß aber annehmen, daß Wanderungen im Gewässer der wichtigste Mechanismus der Ausbreitung und Wiederbesiedlung für rein wassergebundene Arten ist.

Stromabwärts gerichtete Drift von Organismen ist ein normales Charakteristikum der Fließgewässer und findet bei allen Wasserständen statt. Die Erscheinung muß daher als ökologisch bedeutsames Phänomen bewertet werden (Müller 1954). Driftverluste können bei flugfähigen Formen durch Flug in Quellrichtung kompensiert werden, wie dies bei einigen Trichopteren (Köcherfliegen) der Fall zu sein scheint (Roos 1957). Bei der Steinfliege *Isoperla goertzi* bewirkt die Drift eine Verlagerung von Larven, die erst in der Imaginalphase des Lebenszyklus kompensiert wird (Schwarz 1970). Am Beispiel dieser Art wurden alle Stadien eines Besiedlungskreislaufes gezeigt.

1. stromabwärts gerichtete Ausbreitung der Larven;
2. talaufwärts gewandte Flüge der Imagines;
3. bevorzugte Eiablage in Quellnähe.

Stromaufwärts gerichtete Wanderung hingegen ist, wie bereits gesagt, die wohl wichtigste Möglichkeit des Ausgleichs durch Driftverluste für permanent an das Wasser gebundene Arten. Entsprechende Wanderungen wurden bei Bachflohkrebsen und Flußkrebsen beobachtet (Elliott 1971). Sie sind auch bei vielen Fischarten eine bekannte Erscheinung. Als eine biologisch sinnvolle Anpassung, birgt sie also für die betroffenen Arten Selektionsvorteile. Unterbrechung dieser Wanderbewegungen durch künstliche, in den Gewässerlauf eingebrachte Hindernisse müssen nicht nur für Fische negativ bewertet werden.

Hardisty (1944) beobachtete beim Bachneunauge *(Lampetra planeri)* stromabwärts gerichtete Bewegungen der Larven, die als passive Verfrachtung insbesondere bei Hochwasserständen interpretiert werden (vgl. Abb. 21). Er fand außerdem, daß schon kleine Sohlabstürze für das Bachneunauge unüberwindbar sind. Gegen die Quelle gerichtete Kompensationswanderungen sind also bei der Existenz von Hindernissen nicht möglich; die Population wird in voneinander isolierte Bestände zerteilt (Malmquist 1980).

Dieses Faktum birgt ein hohes Gefährdungspotential für die Arten. Isolierte Populationen geraten leicht in die Situation der genetischen Verarmung. Sie können durch weitere Zerteilung des Lebensraumes unter die zum Überleben notwendigen Populationsgrößen gedrückt sowie durch zeitlich und räumlich begrenzte Katastrophen wie etwa Abwasserwellen ausgelöscht werden. Verloren gegangene Lokalitäten können nicht wiederbesiedelt werden, auch wenn Habitateignung vorliegt.

Bei der Behandlung des Problems Mindestgrößen der Population und genetische Verarmung ist man noch weitgehend auf Spekulationen angewiesen.

Franklin (1980) nennt jedoch Richtgrößen. Er fordert allein aus Gesichtspunkten des Genverlustes durch Inzucht, daß Wirbeltierpopulationen möglichst nicht kleiner als 500 bis minimal 50 fortpflanzungsfähige Individuen sein sollten, da

1. kontinuierliche und häufig schnelle genetische Anpassung an wechselnde Umweltbedingungen für das Überleben der Populationen notwendig ist,
2. die Reaktionsfähigkeit auf natürliche Selektionsvorgänge bei kleinen Populationen gering ist, da hier der Verlust an genetischer Substanz möglicherweise schneller abläuft als die Erneuerung durch Mutationen.

Ein ausreichend großer Genpool ist demnach die unabdingbare Basis für zukünftige Selektionsvorgänge in überlebensfähigen Populationen. Die Langzeiteffekte sehr kleiner Populationen auf die genetische Vielfalt wird verdeutlicht durch den „small island effect" (Abb. 27). Die Grafik zeigt, daß abnehmende Inselgröße zunächst wenig Einfluß auf die genetische Vielfalt einer Fortpflanzungsgemeinschaft (ausgedrückt durch den Prozentsatz der heterozygoten Individuen innerhalb einer Population) hat. Dies ändert sich wenn eine

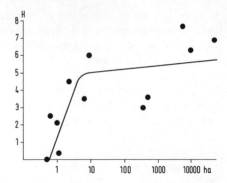

Abb. 27:
Verhältnis Lebensraumgröße (ha) und Hetero-
zygotie (H) bei verschiedenen Inselpopulationen
einer Eidechsenart nach Soulé (1980), verändert

bestimmte Flächen- und damit Populationsgröße unterschritten wird, im dargestellten Fall
also bei etwa zehn ha.

Erscheinungen der genetischen Verarmung beobachtete auch Paepke (1970) an Beständen
des Dreistachligen Stichlings in den Quellregionen der Flämingflüsse, die durch Mühlenstaue
isoliert sind.

Im hier untersuchten Gebiet hatte sich im Oberlauf des Morsbaches auf einer Bachstrecke
von 300 m Länge eine isolierte Schmerlenpopulation erhalten. Eine hemmende Sohlschwelle
wurde vermutlich bei der Bachbegradigung im Rahmen eines Flurbereinigungsverfahrens in
den 30er Jahren dieses Jahrhunderts − genauere Angaben standen nicht zur Verfügung −
gebaut. Nach den Probefängen zu verschiedenen Jahreszeiten, umgerechnet auf die Gesamt-
strecke, ist mit einem Bestand von 120 fortpflanzungsfähigen Bachschmerlen zu rechnen.
Eine Population dieser Größenordnung in einem entsprechend langen unzerteilten Abschnitt
kann sich selbst offenbar über einen größeren Zeitraum in einem sonst geeigneten Habitat
erhalten. Inwieweit jedoch bei dieser Fortpflanzungsgemeinschaft schon genetische Verarmung und Vitalitätsminderung eingetreten sind, kann momentan nicht beurteilt werden.

Derartige Restpopulationen sind natürlich durch anthropogene Einflüsse sehr stark gefährdet
und unbedingt schützenswert. Die kleinen Fließgewässer der Ebene sind nach wie vor, trotz
z. T. mehrfach wiederholter Baumaßnahmen, häufig Zielobjekt wasserwirtschaftlicher und
agrarstruktureller Maßnahmen. Diese bergen die Gefahr weiterer Zerschneidung der
Gewässerläufe in sich. Strukturverarmung des Gewässerbettes nach Eingriff muß auch im
Zeitalter neuer gewässerbaulicher Richtlinien, die ökologische Gesichtspunkte einbeziehen,
befürchtet werden. Auch sporadische Abwassereinleitungen bedrohen gerade diese Restbestände. Schon eine Abwasserwelle etwa aus Silagesäften oder überfließenden Sickergruben
bedeutet das Todesurteil. Wiederbesiedlung kann aufgrund der Isolation des geschädigten
Abschnittes nicht erfolgen. Im Hinblick auf das Ziel einer flächendeckenden Verbesserung
bezüglich Wasserqualität und Renaturierung der Gewässer sind die überlebenden Populationen wichtige Zentren, von denen eine Rekolonisation ausgehen kann. Je mehr derartige
Zentren existieren, und je mehr Schranken abgebaut werden, desto eher kann ein genetischer
Austausch zwischen getrennten Vorkommen erfolgen und desto sicherer ist das langfristige
Überleben der Arten. Im Wassergesetz des Landes Niedersachsen heißt es beispielsweise:
„Die Bedeutung des Gewässers als Bestandteil der Landschaft und der natürlichen Umwelt
sowie als Lebensstätte für Fische ist zu berücksichtigen". Neben der Sicherung des Wasserab-
flusses − dem Hauptziel der Wasserwirtschaft − müssen also auch Belange der Gewässeröko-

logie bei gewässerbaulichen und Unterhaltungsmaßnahmen berücksichtigt werden. Fische sind ein wesentlicher Bestandteil der Lebensgemeinschaften im Wasser. Um ihr Überleben zu gewährleisten, ist es also erforderlich, artgerechte Nahrungs-, Fortpflanzungs-, Überwinterungs- und Refugialräume zu erhalten und wiederherzustellen sowie den Weg zwischen diesen zu gewährleisten.

Bei der Wahrnehmung der durch die Wassergesetze auferlegten Pflichten lassen sich durchaus schonende Methoden anwenden. Versuche bei Unterhaltungsmaßnahmen in stark verkrauteten Wiesengräben haben gezeigt, daß der Einsatz von Mähbooten sich kaum negativ auf Kleinfischarten wie Steinbeißer *(Cobitis taenia)*, Gründling *(Gobio gobio)* und den Neunstachligen Stichling *(Pungitius pungitius)* auswirkte (Gaumert 1982). Totale Sohlenräumungen haben im Gegensatz dazu fundamentale Auswirkungen auf die gesamte Gewässerbiozönose. Nach Schiemenz (1957) kann die positive Bedeutung der Wasserpflanzen, insbesondere der submersen Arten, für die Fisch- und Invertebratenfauna als bewiesen angesehen werden. Ohne Unterwasserpflanzen ist beispielsweise in kleinen Fließgewässern mit Sandboden infolge des Mangels an Verstecken und Nährtieren ein reiches Fischvorkommen kaum denkbar. Verschiedenartige Sedimente des Gewässergrundes in mosaikförmiger Verzahnung sind außerdem der Lebensraum vieler daran angepaßter, bodenlebender Arten (vgl. Bless 1981, 1983; Tolkamp 1980). Radikale Entkrautung und Sohlenräumung vernichten ihre Existenzgrundlage. Ein Beispiel ist der stark gefährdete Schlammpeitzger *(Misgurnus fossilis)*. Dieser Fisch lebt in Schlammschichten der flacheren Uferbereiche. Bei Ausbaggerung der Sedimentablagerungen zur Wiederherstellung des Abflußprofils kann es zur Vernichtung seiner Bestände kommen. In Niedersachsen ist die Art in erster Linie durch totale Beseitigung von Schlammbänken und Schlammablagerungen im Zuge von Maßnahmen des Wasserbaus und der Gewässerunterhaltung bedroht (Gaumert 1981, 1982). Paepke (1981) berichtet ähnliches für die DDR.

Die Bachschmerle reagiert auf Räumung der Bachsohle ebenfalls empfindlich. Im Winter 1983/84 wurde am Oberlauf des Ersdorfer Baches eine Unterhaltungsmaßnahme durchgeführt. Das Bachbett wurde auf einer Länge von mehreren hundert Metern mit Baggern total ausgeräumt (Abb. 28). Die Folgen für die Bachschmerle waren katastrophal. In weiten Teilen war der Fisch völlig verschwunden. Nur wenige Einzeltiere überlebten in von Erlen und Weiden durchwurzelten Uferbereichen, die der Bagger nicht erreichen konnte. Eine vormals dichte Fischpopulation war fast vernichtet bzw. vertrieben worden. Man muß nicht nur den ökologischen Sinngehalt derartiger Maßnahmen überprüfen. Was nützt es, wenn ein groß dimensioniertes Abflußprofil geschaffen wird, dies aber im Längsverlauf durch Verrohrungen mit vergleichsweise geringem Durchmesser unterbrochen, dem zufolge ein Rückstau praktisch schon vorprogrammiert ist?

Bei der Durchführung von Unterhaltungsmaßnahmen, bei denen vorher alle ökologischen und ökonomischen Belange pflichtgemäß abgewogen wurden, muß besonders darauf geachtet werden, ob im Gebiet isolierte Abschnitte bestehen, also Teilbereiche, die gegen die Fließrichtung für Fische oder andere Tiere nicht zugänglich sind. Grundsätzlich müssen solche Siedlungsschranken wie z. B. Sohlabstürze, vermieden werden. Wo diese bestehen, sollten sie überwindbar gemacht werden. Falls dies in absehbarer Zeit noch nicht möglich ist, muß der isolierte Gewässerabschnitt als Einheit betrachtet werden. Diese Einheit bedarf, um den ihr eigenen Artenbestand zu erhalten, der für sie charakteristischen Vielfalt von Biotopelementen. Bei Unterhaltungsmaßnahmen besteht ja die große Gefahr der Monotonisierung der Strukturen und des Verlustes an Arten. Ganz allgemein kann man sagen, Strukturvielfalt fördert Artenvielfalt (Gorman u. Karr 1978, Karr 1976, Lelek u. Lusk 1965, Zaret u. Rand 1971). Mauney u. Harp (1979) betonen die größere Diversität in naturbelasse-

Abb. 28: Ersdorfer Bach nach Unterhaltungsmaßnahme

nen Flußzonen gegenüber ausgebauten Bereichen. Als Hauptursache des Artenverlustes nehmen sie verminderte Vielgestaltigkeit und damit Fortfall ökologischer Nischen an. Es ist also nicht zweckmäßig, die Unterhaltungsmaßnahmen auf der gesamten Länge des Abschnittes in einem Zuge durchzuführen. Hier wäre unbedingt eine räumliche und zeitliche Staffelung einzuplanen. Unberührte Teile des Bachprofils sind als Refugialräume zu erhalten. Von ihnen kann nach Ablauf der Maßnahmen die spätere Wiederbesiedlung erfolgen.

Die relativ gering dimensionierten Ausbau- und Unterhaltungsmaßnahmen an Bächen könnte man Kleinkatastrophen nennen. Dies soll im Gegensatz zu den großen Eingriffen wie die Regulierung und Schiffbarmachung der Ströme oder der großräumig wirkenden, ständigen Verschmutzung durch Industrie- und Siedlungsabwässer gesehen werden. Die „Nadelstiche" der Kleinkatastrophen haben aber in ihrer großen Häufigkeit und Verbreitungsdichte für das Gewässerleben insgesamt ebenso schwere Folgen wie die in ihrer Wirkung offenkundigeren spektakulären Schadeinflüsse. In diesem Zusammenhang ist es für die öffentliche Hand neben der Verbesserung der Wasserqualität eine wichtige und zukunftsweisende Aufgabe, Mittel aus den Etats der Wasserwirtschaft und Agrarordnung so einzusetzen, daß Renaturierung der Fließgewässer als Auftrag an zentrale Stelle rückt. Neue Zweckbestimmung und Zweckbindung der Mittel heißt die Forderung.

8. Schutzerfordernisse

Der hier gegebene Katalog an Schutzerfordernissen orientiert sich an den Lebensbedürfnissen der Bachschmerle. Dieser Fisch ist eine Charakterart kleiner Fließgewässer der Ebene, also eines sehr häufigen Gewässertyps, dessen Lebensgemeinschaften in Vergangenheit und Gegenwart stärksten Belastungen durch stoffliche Einleitungen und strukturelle Veränderungen unterworfen sind. Der Gesetzesauftrag nach § 1 Abs. 3 BNatSchG, wie eingangs erwähnt, läßt nicht zu, sich mit der bestehenden Situation abzufinden. Diese kann aber nur verbessert werden, wenn die verfügbaren ökologischen Erkenntnisse bei der weiteren Behandlung der Gewässer eingesetzt und verwirklicht werden. Ohne zusätzliche Bereitstellung von erheblichen Sachmitteln, Personal und Flächen ist jedoch kein durchschlagender Erfolg zu erwarten (vgl. Erz 1979).

1. Verbesserung der Wassergüte

Durch den vermehrten Bau von Klärwerken sind vielerorts schon Verbesserungen eingetreten. Im Bereich der Swist hat der Anschluß von verschiedenen Ortschaften an eine zentrale Anlage positive Wirkungen gezeigt. Die Lebensgemeinschaften beginnen sich zu regenerieren. Generell muß Gewässergütestufe II, in den Oberläufen Gewässergütestufe I gefordert werden.

Zur Verminderung diffuser Einträge von Dünger und Pestiziden aus landwirtschaftlichen Nutzflächen sind ungenutzte bzw. extensiv genutzte Randstreifen erforderlich. Bereitstellung muß durch Freisetzung und Extensivierung landwirtschaftlich genutzter Flächen geschehen. Die Breite der beide Ufer einschließenden Pufferzone sollte möglichst 10 m nicht unterschreiten.

2. Wiederherstellung bzw. Bewahrung der Strukturvielfalt

Vereinfacht ausgedrückt gilt die Beziehung Strukturvielfalt fördert Artenvielfalt.

a) Im Gewässerbett sollen in enger Nachbarschaft Sandflächen und grobsteinige ($\varnothing$ 15 cm) Zonen liegen.
b) Tiefe Kolke (> 0,8 m) müssen als Winterlager erhalten oder wiederhergestellt werden.
c) Die maximale Strömungsgeschwindigkeit darf nicht dauerhaft über 1,0 m/sec liegen. Daneben müssen ruhigere Zonen mit 0,2 m/sec Fließgeschwindigkeit vorhanden sein.

3. Abbau von Wehren, Sohlabstürzen und evtl. Sohlgleiten

Bereits kleine Hindernisse im Gewässerlauf, wie Sohlabstürze mit 0,2 m Fallhöhe bzw. Sohlgleiten mit mehr als 1,0 m/sec Strömungsgeschwindigkeit bilden für manche Arten unüberwindliche Biotopschranken. Sie können zwar in Fließrichtung überschwommen werden, quellwärts gerichtete Wanderung ist aber nicht mehr möglich. Dieser Ventileffekt isoliert Populationen mit allen negativen Folgen und macht Wiederbesiedlung im Oberlauf gelegener Abschnitte nach Katastrophen unmöglich.

Durch Anschüttung von Rampen können derartige Hindernisse überwindbar gemacht werden (Abb. 29). Beim Bau muß darauf geachtet werden, daß

a) die Schüttung Hochwasser mit stärkerer Strömung erträgt
b) das Wasser auf der Oberfläche der Schräge abfließt
c) die Strömungsgeschwindigkeit unter 1 m/sec liegt.

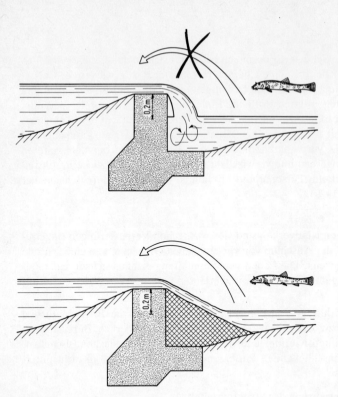

▨	Gewässergrund
▨	Rampe
▨	Absturzbauwerk

Abb. 29: Technische Hilfe für Fischwanderungen

4. Keine Verrohrung

Enge und lange Verrohrungen wirken wie Absturzbauwerke

5. Erhaltung unzerschnittener Gewässerteile

In kleinen Fließgewässern sollten die Sektoren bei nicht zu vermeidender Isolierung nicht kürzer als 0,5 km sein (vgl. Kap. 6).

6. Vermeidung radikaler Unterhaltungsmaßnahmen

Bei vollständiger Sohlräumung in einem Zuge wird die betroffene Lebensgemeinschaft stark geschädigt. Es wird vorgeschlagen, derartige Maßnahmen, vorausgesetzt objektiv erkennbare Notwendigkeit liegt vor, räumlich und zeitlich versetzt entsprechend Abb. 30 durchzuführen (vgl. auch Abb. 31). Es sollten immer unberührte Zonen als Refugialbereiche und Ausgangspunkte der Wiederbesiedlung erhalten bleiben.

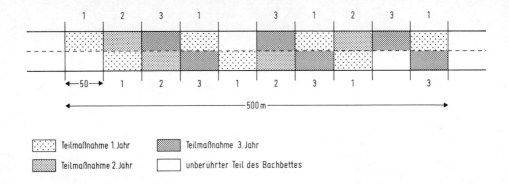

Abb. 30: Modell der zeitlichen und räumlichen Abfolge einer Unterhaltungsmaßnahme

Legend:

Teilmaßnahme 1. Jahr   Teilmaßnahme 3. Jahr
Teilmaßnahme 2. Jahr   unberührter Teil des Bachbettes

7. Anwendung schonender Methoden bei gewässerbaulichen Maßnahmen

Wenn immer möglich, ist die Nullösung, d. h. kein Eingriff, zu favorisieren. Die meisten Fließgewässer der Ebene sind bereits ausgebaut, so daß naturbelassene bzw. naturnahe Abschnitte hochgradig schutzbedürftig sind. Aktuelle Aufgabe muß die Renaturierung von Fließgewässern sein.

Bei der Durchführung von Bau- und Unterhaltungsmaßnahmen und deren räumlicher Entwicklung muß auf die Position für Fische nicht passierbarer Hindernisse geachtet werden. Es ist nicht gleichgültig, ob das Vorhaben mit oder entgegen der Strömungsrichtung fortschreitet. Wird die infrage kommende Strecke unterhalb abgesperrt, ist ein gegen die Strömung gerichtetes Vorgehen erforderlich. Anderenfalls werden die Tiere stromab über das Hindernis gedrängt und können später nicht zurückkehren. Der Ventileffekt käme voll zur Entfaltung (Abb. 31a). Ist die Lokalität oberhalb durch ein Querbauwerk abgeriegelt, empfiehlt sich das Vorgehen mit der Strömung. Im gegenteiligen Fall würde es zu einem Stau fliehender Fische vor dem quellwärts gelegenen Hindernis und im Zuge der Maßnahme zu deren Vernichtung kommen (Abb. 31b). Ist der Abschnitt ober- und unterhalb isoliert, muß sich die Arbeit entgegen der Strömung fortsetzen, da sonst die Ventilwirkung einsetzen würde (vgl. Abb. 31a). Die fliehenden Tiere werden in Richtung Quelle gedrängt und sammeln sich vor dem Hindernis. Im Bereich des Fluchtraumes hat jetzt jeder Eingriff zu unterbleiben (Abb. 31c). Zu einem späteren Zeitpunkt, wenn die Bachstrecke wieder normal besiedelt ist, kann die Maßnahme hier in der angegebenen Richtung durchgeführt werden.

In den verschiedenen Bundesländern existieren Erlasse und Richtlinien zum naturnahen Ausbau und zur naturnahen Unterhaltung oberirdischer Gewässer. Die Erlasse der Länder Baden-Württemberg, Hessen, Niedersachsen, Nordrhein-Westfalen, Rheinland-Pfalz, Saarland und Schleswig-Holstein und die einschlägigen Richtlinien sind in ihrem Konkretisierungsgrad unterschiedlich weit entwickelt. Am weitesten gehen die Richtlinien des Landes Nordrhein-Westfalen (1980) und das DVWK-Merkblatt (1984).

Dessen ungeachtet lassen sich auch bei diesen noch zu schließende Lücken und fehlerhafte Angaben (s. Absturzhöhe) aufzeigen (Tab. 23).

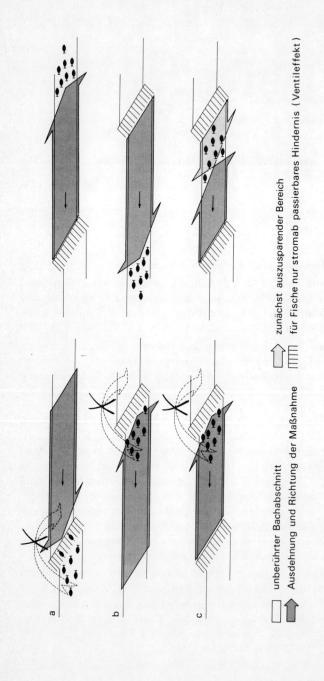

unberührter Bachabschnitt

Ausdehnung und Richtung der Maßnahme

zunächst auszusparender Bereich

für Fische nur stromab passierbares Hindernis (Ventileffekt)

Abb. 31:
Technische Hilfe zu Ausweich- und Ausgleichsbewegungen von Fischen bei Bau- und Unterhaltungsmaßnahmen in Fließgewässern

Merkmal		Vorschrift	
		NRW	DVWK
Gewässergrund	Bewahrung der Struktur-vielfalt	+	+
	Korngrößen der Substrate	–	–
Strömungsgeschwindigkeit	Wechselnd	+	+
	ökologisch bedeutsame Grenzwerte	–	–
Gewässerbauliche Hindernisse	Durchzugsmöglichkeit für Tiere	+	+
	Absturzhöhe	0,3–0,5m	–
	Bedeutung unzerteilter Gewässerabschnitte	–	–
Räumliche Entwicklung von Maßnahmen		–	–
Renaturierung als Planungsanlaß		–	–

Tab. 23: Zwei Richtlinien für naturnahen Ausbau und Unterhaltung von Fließgewässern im Vergleich

8. Wiedereinbürgerung von Arten in isolierte Gewässerabschnitte

Sofern Habitateignung vorliegt, verschiedene Arten aber aufgrund der Isolation einen Gewässerteil nicht aus eigener Kraft erreichen können, ist Wiedereinbürgerung das Mittel der Wahl. Freie ökologische Nischen können durch geeignete Besatzmaßnahmen aufgefüllt werden. Aus Sicht des Naturschutzes muß von der übermäßigen Förderung nutzbarer, insbesondere ortsfremder Arten wie z. B. Regenbogenforelle oder Aal im Donaugebiet, Abstand genommen werden. Die künstliche Schaffung unnatürlicher Konkurrenzsituationen geht zu Lasten der gesamten Lebensgemeinschaft (vgl. Piwernetz 1980). In unserem Fall wird jetzt versucht, die Ellritze wieder heimisch zu machen. Eine ihrer wesentlichsten Nahrungs-quellen, nämlich driftende Insektenlarven, werden von der gegenwärtigen verarmten Biozö-nose kaum genutzt, so daß mit dem Gedeihen der Fischart zu rechnen ist (vgl. Abb. 13).

Im Zusammenhang mit Besatzmaßnahmen soll noch einmal auf das Problem toxischer Ausscheidungen bei Schnecken (s. Kap. 6.3) hingewiesen werden. Bei Fischtransporten kommt es hin und wieder zu ungeklärtem Sterben. Möglicherweise sind Wasserschnecken im Transportwasser die Verursacher. Der Transportbehälter sollte nach Füllung sorgfältig auf Schnecken untersucht und diese, sofern vorhanden, entfernt werden, um Verluste zu vermeiden.

9. Zusammenfassung

Die Fließgewässer der Ebenen mit ihrer tierischen und pflanzlichen Besiedlung gehören zu jenen Gewässertypen, die in Vergangenheit und Gegenwart am stärksten in Mitleidenschaft gezogen worden sind. Sehr häufig sind sie zu Kloaken verkommen, die nur noch Fäulnisbewohnern Lebensmöglichkeiten bieten. Man kann außerdem wohl unbestritten sagen, daß die meisten Tieflandbäche baulich verändert worden sind. Das bedeutet, sie haben viele Strukturelemente verloren und sind häufig in gegeneinander weitgehend isolierte Abschnitte zerteilt. Schlechte Wasserqualität durch fehlende oder unzureichende Klärung von Abwässern, durch Einspülung von düngenden Stoffen und Pestiziden aus Agrarflächen, der Verlust von Strukturen und die Isolation von Gewässerabschnitten durch Ausbaumaßnahmen als die wesentlichsten Ursachen haben die betreffenden Lebensgemeinschaften in akute Existenznot gebracht.

Die Untersuchungen in repräsentativen Fließgewässern erwiesen, daß selbst in scheinbar völlig degradierten Systemen partielle Regeneration möglich ist. Nachdem insbesondere die Gewässergüte von III (stark verunreinigt) auf II (mäßig verunreinigt) verbessert wurde, zeigte sich innerhalb von zwei Jahren eine Ausbreitung bestimmter Faunenelemente. Schwerpunktmäßig wurde die Wiederbesiedlung durch die Bachschmerle *(Noemacheilus barbatulus)* aus wenigen Refugialräumen verfolgt. Ihre Kolonisationsgeschwindigkeit erreichte 1,5 km pro Jahr, wobei Wassertemperaturen unter ± 5,0° C die Ausbreitungsaktivität unterdrückte.

Besiedlungsschranken waren:

1. Abwassereinleitungen, die die Gewässergüte auf unter III drückten;
2. Sohlabstürze; bereits 0,2 m Fallhöhe kann die Bachschmerle nicht überwinden;
3. Verrohrungen; verrohrte Bachabschnitte werden nicht passiert;
4. hohe Strömungsgeschwindigkeiten von dauerhaft mehr als 1,0 m/sec lassen Besiedlung nicht zu.

Der vollständigen Regeneration der Biozönose stehen also die verschiedenen, Gewässerabschnitte isolierenden Mechanismen entgegen. Im Untersuchungsgebiet ausgestorbene Arten wie Groppe *(Cottus gobio)*, Ellritze *(Phoxinus phoxinus)*, Flußkrebs *(Astacus astacus)* und Muscheln der Gattungen *Unio* und *Anodonta* können das verloren gegangene Areal auch bei wiederhergestellter Eignung des Habitats aus eigener Kraft nicht zurückgewinnen.

Speziell aus den Befunden zur Autökologie der Bachschmerle, wie etwa Präferenz bestimmter Substrattypen, ergeben sich die Forderungen an die weitere Behandlung dieser und vergleichbarer Gewässer. Hierzu gehört auch die Besetzung freier ökologischer Nischen durch Wiedereinbürgerung geeigneter Arten.

10. Literatur

AMBÜHL, H. (1959): Die Bedeutung der Strömung als physiologischer Faktor. — Schweiz. Z. Hydrologie 21: 133—264.

ANONYMUS (1980): Statistisches Jahrbuch, Rhein-Sieg-Kreis.

BARTHELMES, D. (1981): Hydrobiologische Grundlagen der Binnenfischerei. — Jena.

BAYERISCHES LANDESAMT FÜR UMWELTSCHUTZ (1976): Rote Liste bedrohter Tiere in Bayern (Wirbeltiere und Insekten). 1. Fassung. — Schr.-R. Naturschutz u. Landschaftspflege 7.

BERRA, T. M. & GUNNING, G. E. (1970): Repopulation of experimentally decimated sections of streams by longear sunfish *Lepomis megalotis* (Rafinesque). — Trans. Americ. Fish. Soc. 99 (4): 776—781.

BLAB, J., NOWAK, E., TRAUTMANN, W. & SUKOPP, H. (Hrsg.; 1984): Rote Liste der gefährdeten Tiere und Pflanzen in der Bundesrepublik Deutschland. — Naturschutz aktuell 1. — Greven (Kilda-Verlag).

BLESS, R. (1978): Bestandsänderungen der Fischfauna in der Bundesrepublik Deutschland. — Naturschutz aktuell 2. — Greven (Kilda-Verlag).

BLESS, R. (1980): Bestandsentwicklungen der Molluskenfauna heimischer Binnengewässer und die Bedeutung für Naturschutz und Landschaftspflege. — Biol. Abh. Bd. 5 (59-60). — Wiesbaden (Biologie-Verlag).

BLESS, R. (1981): Untersuchungen zum Einfluß von gewässerbaulichen Maßnahmen auf die Fischfauna in Mittelgebirgsbächen. — Natur u. Landschaft 56 (7/8): 243—252.

BLESS, R. (1983): Untersuchungen zur Substratpräferenz der Groppe, *Cottus gobio* Linnaeus 1758 (Pisces: Cottidae). — Senckenbergiana biol. 63 (3/4): 161—165.

BOHLIN, T. & SUNDSTRÖM, B. (1977): Influence of unequal catchability on population estimates using the Lincoln index and the removal method applied to electro-fishing. — Oikos 28: 123—129.

BOLAM, G. (1913): Wild life in Wales. — London.

BRUNKEN, H. (1982): Zur Kleinfischfauna in der Umgebung von Braunschweig. — Milvus 3: 25—33.

BRUNKEN, H. (1984): Die Fischfauna im Einzugsgebiet des Großen Graben in Südostniedersachsen. — Braunschweiger Naturk. Schr. 2 (1): 219—235.

DORIER, A. & VAILLANT, F. (1954): Observations et expériences relatives à la résistance au courant de divers invertébrés aquatiques. — Trav. Lab. Hydrobiol. Grenoble 45/46: 9—31.

ELLIOTT, J. M. (1971): Upstream movements of benthic invertebrates in a Lake District stream. — J. Anim. Ecol. 40: 235—252.

ERZ, W. (1979): Artenschutz im Spannungsfeld der Interessen. — 6. Veranstaltung des Ökologie-Forums, Hamburg, 22. November 1979: 10—21.

FRANKLIN, J. R. (1980): Evolutionary change in small populations. — In: Soulé, M. E. & Wilcox, B. A. (1980): Conservation biology. — Sunderland, Massachusetts.

FREUDE, H., HARDE, W. & LOHSE, G. A. (1971): Die Käfer Mitteleuropas. Bd. 3 und 6. — Krefeld.

GAUMERT, D. (1981): Die Fischfauna des Artlandes (Landkreis Osnabrück). — Osnabrücker naturwiss. Mitt. 8: 139—160.

GAUMERT, D. (1982): Gewässerunterhaltung und Fischartenschutz. — Wasser u. Boden 34 (1): 19—20.

GORMAN, G. L., SOULÉ, M. W., YANG, S. Y. & NEVO, E. (1975): Evolutionary genetics of insular Adriatic lizards. — Evolution 29: 52-71.

GORMAN, O. T. & KARR, J. R. (1978): Habitat structure and stream fish communities. — Ecology 59: 507—515.

HARDISTY, M. W. (1944): The life history and growth of the brook lamprey *(Lampetra planeri)*. — J. Anim. Ecol. 13: 110—122.

HUTCHINSON, G. E. (1939): Ecological observations on the fishes of Kashmir and Indian Tibet. — Ecol. Monogr. 9: 145—182.

ILLIES, J. (1952): Die Mölle. Faunistisch-ökologische Untersuchungen an einem Forellenbach im Lipper Bergland. — Arch. Hydrobiol. 46: 424—612.

ILLIES, J. (1958): Die Barbenregion mitteleuropäischer Fließgewässer. — Verh. Int. Ver. Limnol. 13: 834—844.

ILLIES, J. (1961): Versuch einer allgemeinen biozönotischen Gliederung der Fließgewässer. — Int. Revue ges. Hydrobiol. 46 (2): 205—213.

ILLIES, J. (Hrsg.; 1978): Limnofauna Europaea. Eine Zusammenstellung aller der europäische Binnengewässer bewohnenden mehrzelligen Tierarten mit Angaben über ihre Verbreitung und Ökologie. 2. Auflage. − Stuttgart.

JUNGBLUTH, J. H. (1973): Über die Verbreitung des Edelkrebses *Astacus* (Astacus) *astacus* (Linnaeus 1758) im Vogelsberg, Oberhessen (Decapoda, Astacidae). − Philippia II (1): 39−43.

KARR, J. R. (1976): Seasonality, resource availability and community diversity in tropical bird communities. − Amer. Naturalist 110: 973−994.

KENNEDY, G. J. A. & PITCHER, T. J. (1975): Experiments on homing in shoals of the european minnow, *Phoxinus phoxinus* (L.). − Trans. Americ. Fish. Soc. 3: 454−457.

KOCH, K. (1968): Käferfauna der Rheinprovinz. − Decheniana Beih. 13.

LANDESAMT FÜR WASSER UND ABFALL NORDRHEIN-WESTFALEN (1982): Gewässergütebericht '81. − Düsseldorf.

LANDESAMT FÜR WASSER UND ABFALL NORDRHEIN-WESTFALEN (1983): Gewässergütebericht '82. − Düsseldorf.

LANDESAMT FÜR WASSER UND ABFALL NORDRHEIN-WESTFALEN (1984): Gewässergütebericht '83. − Düsseldorf.

LELEK, A. & LUSK, S. (1965): Das Vorkommen von Fischen in Abhängigkeit von der Gestaltung des Flußbettes. − Zool. Listy 3: 225−234.

LIBOSVARSKY, J. (1957): On the ecology and reproduction of the stone-loach *Noemacheilus barbatulus* (L.). − Zool. Listy 6: 367−386.

MACAN, T. T. (1961): Factors that limit the range of freshwater animals. − Biol. Rev. 36: 151−198.

MALMQUIST, B. (1978): Population structure and biometry of *Lampetra planeri* (Bloch) from three different watersheds in South Sweden. − Arch. Hydrobiol. 84 (1): 65−86.

MALMQUIST, B. (1980): The spawning migration of the brook lamprey, *Lampetra planeri* (Bloch), in a South Swedish stream. − J. Fish. Biol. 16: 105−114.

MANN, R. H. K. (1971): The population, growth and production of fish in four small streams in southern England. − J. Anim. Ecol. 40: 155−190.

MAUNEY, M. & HARP, G. L. (1979): The effects of channelization on fish populations of the Cache River and Bayou De View. − Arkansas Acad. of Sc., Proc., Vol. XXXIII: 51−54.

MÜLLER, K. (1954): Investigations on the organic drift in North Swedish streams. − Rep. Inst. Freshw. Res. Drottningholm 35: 133−148.

NIETHAMMER, G. (1953): Zum Transport von Süßwassertieren durch Vögel. − Zool. Anz. 151 (1/2):41−42.

NOLDEN, M. (1984): Limnologische und abwasserbiologische Untersuchungen der Swist. − Diplomarbeit, Institut für Landwirtschaftliche Zoologie. − Bonn.

PAEPKE, H. J. (1970): Studien zur Ökologie, Variabilität und Populationsstruktur des Dreistachligen und Neunstachligen Stichlings. II. Die Variabilität der Lateralbeschilderung von *Gasterosteus aculeatus* L. in einer brandenburgischen Intergradationszone und ihre zoogeographisch-historischen Hintergründe. − Veröff. Bez. Museum Potsdam 21: 5−48.

PAEPKE, H. J. (1981): Die gegenwärtige Situation der Süßwasserfische in der DDR. ʼ− Arch. Naturschutz u. Landschaftsforschung Berlin 21 (3): 113−130.

PAFFEN, K. (1959): Zülpicher Börde. − In: Handbuch der naturräumlichen Gliederung Deutschlands, 6. Lieferung: 836−840.

PERRIN, J. F. (1980): Structure et functionnement des ecosystèmes du Haute-Rhône francais. 14. Etude des préferences alimentaire de la loche franche (*Noemacheilus barbatulus* L.) par une méthode des points modifié. − Hydrobiologia 71 (3): 217−224.

PIWERNETZ, D. (1980): Aalbesatz in mittelfränkischen Fließgewässern. − Arb. d. deutschen Fischerei-Verb. 31: 48−51.

ROOS, T. (1957): Studies on upstream migration in adult stream-dwelling insects. − Rep. Inst. Freshw. Res. Drottningholm 38: 167−193.

SCHIEMENZ, F. (1957): Die besondere Bedeutung der Unterwasserpflanzen für die Fischerei und die Vorfluterunterhaltung an kleineren, fließenden Gewässern. − Wasser u. Boden 9: 208−215.

SCHWARZ, P. (1970): Autökolgische Untersuchungen zum Lebenszyklus von Setipalpia-Arten (Plecoptera). − Arch. Hydrobiol. 67 (2): 141−172.

SLADECEK, V. (1973): System of water quality from the biological point of view. − Arch. Hydrobiol. Beih. 7.

SMYLY, W. J. P. (1955): On the biology of the stone-loach *Nemacheilus barbatula* L. – J. Anim. Ecol. 24: 167–186.

SPRANGER, K. (1952): Erfolgreiche Zucht der Schmerle *(Nemachilus barbatulus* L.). – Aquarien- und Terrarien-Z. V (9): 231–232.

STAATLICHES AMT FÜR WASSER UND ABFALL (StAWA) (1978): Untersuchungsbericht über den Gütezustand des Swistbaches und seiner Zuflüsse. – Bonn (unveröffentlicht).

STERBA, G. (1957): Die Schmerlenartigen (Cobitidae). – In: Demoll, R., Maier, H. N. & Wundsch, H. H. (1962): Handbuch der Binnenfischerei Mitteleuropas Bd. II B. – Stuttgart.

STOTT, B. (1967): The movements and population densities of roach *(Rutilus rutilus* L.) and gudgeon *(Gobio gobio* L.) in the River Mole. – J. Anim. Ecol. 36: 407–423.

THIENEMANN, A. (1950): Verbreitungsgeschichte der Süßwassertierwelt Europas. Bd. 18: Die Binnengewässer. – Stuttgart.

THIENEMANN, A. (1954): Ein drittes biozönotisches Grundprinzip. – Arch. Hydrobiol. 49: 421–422.

TOLKAMP, H. H. (1980): Organism-substrate relationship in lowland streams. – Wageningen (Nat. Cons. Dept. Agric. Univ. Wageningen, Thesis XI). 211 S.

TÜMPLING, W. v. (1968): Suggested classification of water quality based on biological characteristics. – Prag (Fourth Int. Conf. Water Poll. Res.).

TÜMPLING, W. v. (1969): Zur Klassifizierung der Wasserbeschaffenheit aus biologischer Sicht. – Wiss. Z. Univ. Rostock 18: 793–798.

WATSON, J. (1925): The English Lake District fisheries. – London & Edinburgh.

WEATHERLEY, A. H. (1963): Notions of niche and competition among animals, with special reference to freshwater fish. – Nature 197: 14–17.

WILHELM, S. (1964): Die Lebensgemeinschaften der Swist im Verlauf der Selbstreinigung. – Arch. Hydrobiol. 60 (1): 89–106.

WUNDSCH, H. H.: (1930): Ausscheidungen der Wasserschnecke *Limnaea peregra* (Müll.) als rasch wirkendes Fischgift. – Z. f. Fischerei 28: 1–12.

ZARET, T. M. & RAND, A. S. (1971): Competition in tropical stream fishes: support for the competitive exclusion principle. – Ecology 52 (2): 336–342.

Anschrift des Autors:

Dr. Rüdiger Bless

Bundesforschungsanstalt für Naturschutz

und Landschaftsökologie

Institut für Naturschutz und Tierökologie

Konstantinstr. 110

5300 B o n n 2

Veröffentlichungen der Bundesforschungsanstalt für Naturschutz und Landschaftsökologie

Schriftenreihe für Landschaftspflege und Naturschutz

Heft 1: Der Landschaftsplan — Inhalt, Methodik, Anwendungsbereiche. Hochwasserbedingte Landschaftsschäden im Einzugsgebiet der Altenau und ihrer Nebenbäche.
Bad Godesberg: 1966, 190 S., ISBN 3 - 7843 - 2001 - 5   DM 12,—

Heft 2: I. Aktuelle Rechtsfragen des Naturschutzes. II. Gutachten über das Naturschutzgebiet „Lister Dünen und Halbinsel Ellenbogen auf Sylt".
Bad Godesberg: 1967, 114 S., ISBN 3 - 7843 - 2002 - 3   DM 5,—

Heft 3: Beiträge zur Neuordnung des ländlichen Raumes. Wettbewerb „Unser Dorf soll schöner werden" — ein Instrument zur Neuordnung des ländlichen Raumes. Erholung — ein wachsender Anspruch an eine sich wandelnde Landschaft.
Bad Godesberg: 1968, 196 S., ISBN 3 - 7843 - 2003 - 1   DM 12,50

Heft 4: Zur Belastung der Landschaft.
Bonn-Bad Godesberg: 1969, 160 S., ISBN 3 - 7843 - 2004 - X   DM 12,—

Heft 5: Landschaftsplan und Naturparke.
Bonn-Bad Godesberg: 1970, 211 S., ISBN 3 - 7843 - 2005 - 8   DM 7,50

Heft 6: Naturschutz und Erziehung; Landschaftsplanung — Bauleitplanung; Naturschutzgebiete und ihre Probleme. Seminare im Europäischen Naturschutzjahr 1970.
Bonn-Bad Godesberg: 1971, 279 S., ISBN 3 - 7843 - 2006 - 6   DM 10,—

Heft 7: Aktuelle Probleme des Schutzes von Pflanzen- und Tierarten.
Bonn-Bad Godesberg: 1972, 143 S., ISBN 3 - 7843 - 2007 - 4   DM 6,—

Heft 8: Internationale Arbeit in Naturschutz und Landschaftspflege. Öffentlichkeitsarbeit für Naturschutz und Landschaftspflege.
Bonn-Bad Godesberg: 1973, 178 S., ISBN 3 - 7843 - 2008 - 2   DM 7,50

Heft 9: Gessner, E., Brandt, K. und Mrass, W.: Ermittlung von aktuellen und potentiellen Erholungsgebieten in der Bundesrepublik Deutschland.
Bonn-Bad Godesberg: 1975, 76 S., 18 Karten, ISBN 3 - 7843 - 2009 - 0   (vergriffen)

Heft 10: Bürger, Klaus: Auswertung von Untersuchungen und Forschungsergebnissen zur Belastung der Landschaft und ihres Naturhaushaltes.
Bonn-Bad Godesberg: 1975, 119 S., ISBN 3 - 7843 - 2010 - 4   DM 15,—

Heft 11: Solmsdorf, H., Lohmeyer, W. und Mrass, W.: Ermittlung und Untersuchung der schutzwürdigen und naturnahen Bereiche entlang des Rheins (Schutzwürdige Bereiche im Rheintal).
Bonn-Bad Godesberg: 1975, Textband: 186 S., Kartenband: 5 Übersichtskarten, 160 Einzelkarten, ISBN 3 - 7843 - 2011 - 2   DM 65,—

Heft 12: Erz, W.; Haarmann, K.; Lüderwaldt, D.; Keil, W.; Bauer, H. J.; Jorek, N.; Stichmann, W.; Blindow, H.; De Vries, R.; Goethe, F.; Fog, J.; Moes, N.; Dobrowolski, K.; Nowicki, J.; Heckenroth, H.; Makowski, H.; Reichholf, J.; Thielcke, G.; Beintema, A. J.; Timmermann, A.: Schutz und Gestaltung von Feuchtgebieten.
Bonn-Bad Godesberg: 1975, 136 Seiten, ISBN 3 - 7843 - 2012 - 0   (vergriffen)

Heft 13: Untersuchungen zu Nationalparken in der Bundesrepublik Deutschland:
1. Henke, H.: Untersuchung der vorhandenen und potentiellen Nationalparke in der Bundesrepublik Deutschland im Hinblick auf das internationale Nationalparkkonzept.
2. Gutachtliche Stellungnahme der Bundesforschungsanstalt für Naturschutz und Landschaftsökologie zu einem umfassenden Naturschutz, insbesondere zur Einrichtung eines Nationalparks, im Nordfriesischen Wattenmeer.
Bonn-Bad Godesberg: 1976, 180 S., 36 Karten, ISBN 3 - 7843 - 2013 - 9   DM 20,—

Heft 14: Krause, C. L., Olschowy, G., Meisel, K., Finke, L.: Ökologische Grundlagen der Planung.
Bonn-Bad Godesberg: 1977, 204 Seiten, 3 Karten, 2 Matrizes, 30 Abbildungen, 39 Tabellen, ISBN 3 - 7843 - 2014 - 7   (vergriffen)

Heft 15: Fritz, G.; Lassen, D.: Untersuchung zur Belastung der Landschaft durch Freizeit und Erholung in ausgewählten Räumen.
Bonn-Bad Godesberg: 1977, 130 Seiten, 4 Karten, 24 Abbildungen, 37 Tabellen, ISBN 3 - 7843 - 2015 - 5   DM 18,—

Heft 16: 1. Arnold, F., Koeppel, H.-W., Mrass, W., Winkelbrandt, A., Sinz, M., Rosenkranz, O., v. Kunowski: Gesamtökologischer Bewertungsansatz für einen Vergleich von zwei Autobahntrassen.
2. Bürger, K., Olschowy, G., Schulte, Cl.: Bewertung von Landschaftsschäden mit Hilfe der Nutzwertanalyse.
Bonn-Bad Godesberg: 1977, 264 Seiten, 9 Tabellen, 31 Abbildungen, 74 Computerkarten, ISBN - 3 - 7843 - 2016 - 3   DM 29,—

Heft 17: Zvolský, Z.: Erarbeitung von Empfehlungen für die Aufstellung von Landschaftsplanungen im Rahmen der allgemeinen Landeskultur und Agrarplanung.
Bonn-Bad Godesberg: 1978, 262 Seiten, 11 Abbildungen, 4 Computerkarten, 76 Tabellen, ISBN 3 - 7843 - 2017 - 1   DM 27,—

Heft 18: Blab, J.: Untersuchungen zu Ökologie, Raum-Zeit-Einbindung und Funktion von Amphibienpopulationen. Ein Beitrag zum Artenschutzprogramm.
Bonn-Bad Godesberg: 1978, 146 Seiten, 30 Abbildungen, ISBN 3 - 7843 - 2018 - X   DM 19,80

Heft 19: Mader, H.-J.: Die Isolationswirkung von Verkehrsstraßen auf Tierpopulationen untersucht am Beispiel von Arthropoden und Kleinsäugern der Waldbiozönose.
Bonn-Bad Godesberg: 1979, 131 Seiten, 33 Abbildungen, 30 Tabellen, ISBN 3 - 7843 - 2019 - 8   DM 16,—

Heft 20: Wirkungsanalyse der Landschaftsplanung.
1. Krause, C. L.: Methodische Ansätze zur Wirkungsanalyse im Rahmen der Landschaftsplanung.
2. Krause, C. L.; Henke, H.: Beispielhafte Untersuchung von Wirkungszusammenhängen im Rahmen der Landschaftsplanung.
Bonn-Bad Godesberg: 1980, 300 Seiten, 64 Abbildungen, 36 Tabellen, 15 Matrizen, ISBN 3 - 7843 - 2020 - 1   DM 32,—

Heft 21: Koeppel, H.-W.; Arnold, Falk: Landschafts-Informationssystem.
Bonn-Bad Godesberg: 1981, 192 Seiten, 26 Abbildungen, 9 Tabellen ISBN 3 - 7843 - 2021 - X   DM 24,—

Heft 22: Mader, H.-J.: Der Konflikt Straße—Tierwelt aus ökologischer Sicht.
Bonn-Bad Godesberg: 1981, 104 Seiten, 20 Abbildungen, 19 Tabellen, ISBN 3 - 7843 - 2022 - 8   DM 14,—

Heft 23: Nowak, E.; Zsivanovits, K.-P.: Wiedereinbürgerung gefährdeter Tierarten. Wissenschaftliche Grundlagen, Erfahrungen und Bewertung.
Bonn-Bad Godesberg: 1982, 153 Seiten, 23 Abbildungen, 7 Tabellen. ISBN 3 - 7843 - 2023 - 6   DM 19,—

Heft 24: Blab, J.: Grundlagen des Biotopschutzes für Tiere. Ein Leitfaden zum praktischen Schutz der Lebensräume unserer Tiere.
Bonn-Bad Godesberg: 1984, 205 Seiten, 68 Abbildungen, 19 Tabellen. ISBN 3 - 88949 - 115 - 4   DM 29,50

Heft 25: Krause, C. L., Adam, K., Schäfer, R.: Landschaftsbildanalyse, Methodische Grundlagen zur Ermittlung der Qualität des Landschaftsbildes.
Bonn-Bad Godesberg: 1983, 168 Seiten, 24 Abbildungen, 19 Tabellen, 3 Karten ISBN 3 - 7843 - 2025 - 2   DM 24,—

Heft 26: Bless, R.: Zur Regeneration von Bächen der Agrarlandschaft, eine ichthyologische Fallstudie.
Bonn-Bad Godesberg: 1985, 80 Seiten, 31 Abbildungen, 23 Tabellen ISBN 3 - 7843 - 2026 - 0   DM 13,—

Vertrieb: Landwirtschaftsverlag GmbH, Postfach 48 02 49, 4400 Münster-Hiltrup
Der Bestellung am einfachsten Verrechnungsscheck (+ DM 1,80 Versandkosten) beifügen.

Veröffentlichungen der Bundesforschungsanstalt für Naturschutz und Landschaftsökologie

Schriftenreihe für Vegetationskunde

Heft 1: Trautmann, Werner: Erläuterungen zur Karte der potentiellen natürlichen Vegetation der Bundesrepublik Deutschland 1 : 200 000 Blatt 85 Minden, mit einer Einführung in die Grundlagen und Methoden der Kartierung der potentiellen natürlichen Vegetation. Beilage: eine mehrfarbige Vegetationskarte 1 : 200 000.
Bad Godesberg: 1966, 137 S., ISBN 3 - 7843 - 2051 - 1   DM 6,—

Heft 2: Ant, H., Bornkamm, R., v. Hübschmann, A., Lohmeyer, W., Meisel, K., Oberdorfer, E., Rabeler, W., Wedeck, H.: Pflanzensoziologisch-systematische Übersicht der westdeutschen Vegetation, verschiedene tierökologische und vegetationskundliche Beiträge.
Bad Godesberg: 1967, 240 S., ISBN 3 - 7843 - 2052 - X   DM 7,—

Heft 3: Seibert, Paul: Übersichtskarte der natürlichen Vegetationsgebiete von Bayern 1 : 500 000 mit Erläuterungen.
Bad Godesberg: 1968, 84 S., ISBN 3 - 7843 - 2053 - 8   (vergriffen)

Heft 4: Brahe, P., Glavač, V., Jahns, W., Krause, A., Meisel, K., Rabeler, W., Trautmann, W.: Gliederung der Wiesen- und Ackerwildkrautvegetation Nordwestdeutschlands; Einzelbeiträge über Moore, zur Vegetationsgeschichte und Waldfauna.
Bad Godesberg: 1969, 154 S., ISBN 3 - 7843 - 2054 - 6   DM 6,—

Heft 5: Bohn, U., Gerlach, A., Glavač, V., Görs, S., Krause, A., Lohmeyer, W., Meisel, K., Speidel, B., Trautmann, W., Wolff-Straub, R.: Vegetationsuntersuchung des Solling als Beitrag zum IBP-Programm (mit mehrfarbiger Vegetationskarte); Höhengliederung der Buchenwälder im Vogelsberg, Einfluß von Luftverunreinigungen auf die Bodenvegetation u. a.
Bonn-Bad Godesberg: 1970, 236 S., ISBN 3 - 7843 - 2055 - 4   DM 10,—

Heft 6: Trautmann, Werner; Krause, Albrecht; Lohmeyer, Wilhelm; Meisel, Klaus und Wolf, Gotthard: Vegetationskarte der Bundesrepublik Deutschland 1 : 200 000 — Potentielle natürliche Vegetation — Blatt CC 5502 Köln.
Bonn-Bad Godesberg: 1973, 172 S., ISBN 3 - 7843 - 2056 - 2   (vergriffen)

Heft 7: Korneck, Dieter: Xerothermvegetation in Rheinland-Pfalz und Nachbargebieten.
Bonn-Bad Godesberg: 1974, 196 S. und Tabellenteil, ISBN 3 - 7843 - 2057 - 0
                                                                                                 (vergriffen)

Heft 8: Krause, A., Lohmeyer, W., Rodi, D.: Vegetation des bayerischen Tertiärhügellandes (mit mehrfarbiger Vegetationskarte), flußbegleitende Vegetation am Rhein u. a.
Bonn-Bad Godesberg: 1975, 138 S., ISBN 3 - 7843 - 2058 - 9   DM 9,—

Heft 9: Lohmeyer, Wilhelm und Krause, Albrecht: Über die Auswirkungen des Gehölzbewuchses an kleinen Wasserläufen des Münsterlandes auf die Vegetation im Wasser und an den Böschungen im Hinblick auf die Unterhaltung der Gewässer.
Bonn-Bad Godesberg: 1975, 105 Seiten, ISBN 3 - 7843 - 2059 - 7   (vergriffen)

Heft 10: Sukopp, Herbert und Trautmann, Werner (Hrsg.): Veränderungen der Flora und Fauna in der Bundesrepublik Deutschland. Ergebnisse des gleichnamigen Symposiums vom 7.—9. Oktober 1975.
Bonn-Bad Godesberg: 1976, 409 S., ISBN 3 - 7843 - 2060 - 0   DM 17,50

Heft 11: Meisel, Klaus: Die Grünlandvegetation nordwestdeutscher Flußtäler und die Eignung der von ihr besiedelten Standorte für einige wesentliche Nutzungsansprüche.
Bonn-Bad Godesberg: 1977, 121 Seiten, ISBN 3 - 7843 - 2061 - 9   DM 17,—

Heft 12: Sukopp, Herbert; Trautmann, Werner und Korneck, Dieter: Auswertung der Roten Liste gefährdeter Farn- und Blütenpflanzen in der Bundesrepublik Deutschland für den Arten- und Biotopschutz.
Bonn-Bad Godesberg: 1978, 138 Seiten, ISBN 3 - 7843 - 2062 - 7   (vergriffen)

Heft 13: Wolf, Gotthard: Veränderung der Vegetation und Abbau der organischen Substanz in aufgegebenen Wiesen des Westerwaldes.
Bonn-Bad Godesberg: 1979, 117 Seiten, ISBN 3 - 7843 - 2063 - 5   DM 16,—

Heft 14: Krause, Albrecht und Schröder, Lothar: Vegetationskarte der Bundesrepublik Deutschland 1 : 200 000 — Potentielle natürliche Vegetation — Blatt CC 3118 Hamburg-West.

Bonn-Bad Godesberg: 1979, 138 Seiten, ISBN 3 - 7843 - 2064 - 3   DM 22,—

Heft 15: Bohn, Udo: Vegetationskarte der Bundesrepublik Deutschland 1 : 200 000 — Potentielle natürliche Vegetation — Blatt CC 5518 Fulda.

Bonn-Bad Godesberg: 1981, 330 Seiten, ISBN 3 - 7843 - 2065 - 1   DM 40,—

Vertrieb: Landwirtschaftsverlag GmbH, Postfach 48 02 49, 4400 Münster-Hiltrup
Der Bestellung am einfachsten Verrechnungsscheck (+ DM 1,80 Versandkosten) beifügen.

Natur und Landschaft

Verlag: W. Kohlhammer, Postfach 40 01 07, 5000 Köln 40
Erscheinungsweise: monatlich
Bezugspreis: DM 82,— jährlich (einschl. Porto und Mwst.)
Für Studenten 33 % Rabatt
Einzelheft: DM 7,80 (zuzüglich Porto, einschl. Mwst.)
Bestellungen nimmt der Verlag entgegen und übersendet auf Anforderung Probehefte

Dokumentation für Umweltschutz und Landespflege

Verlag: W. Kohlhammer, Postfach 40 01 07, 5000 Köln 40
Erscheinungsweise: vierteljährlich
Bezugspreis: DM 68,— jährlich (einschl. Porto und Mwst.)
Für Studenten 33 % Rabatt
Bestellungen nimmt der Verlag entgegen und übersendet auf Anforderung Probehefte.

Bibliographien

Sonderhefte der Dokumentation für Umweltschutz und Landespflege
Erscheinungsweise: unregelmäßig

Nr.		Anzahl der Titel	DM
So.-H. 1: (1982)	Wiederansiedlung gefährdeter Tier- und Pflanzenarten (= Bibliographien Nr. 39 u. 40)	523	10,—
So.-H. 2: (1983)	Rekultivierung und Folgenutzung von Entnahmestellen (Kies-, Sandentnahmen, Steinbrüche, Baggerseen) (= Bibliographie Nr. 41)	490	10,—
So.-H. 3: (1983)	Feuchtgebiete — Gefährdung, Schutz, Pflege, Gestaltung (= Bibliographie Nr. 42)	942	10,—
So.-H. 4: (1983)	Zur Tier- und Pflanzenwelt an Verkehrswegen (= Bibliographien Nr. 43 bis 45)	315	10,—
So.-H. 5: (1984)	Naturschutz und Landschaftspflege: Main-Donau-Wasserstraße; Einsatz der EDV; Öffentlichkeitsarbeit (= Bibliographien Nr. 46 bis 48)	468	10,—
So.-H. 6: (1985)	Sport und Naturschutz; Waldreservate — Waldnaturschutzgebiete. (= Bibliographien Nr. 49 bis 50)	547	10,—
Weiterhin lieferbare Bibliographien:			
Nr. 32	Rekultivierung im Kohlebergbau	304	5,—
Nr. 33	Nutzung und Pflege von Brachflächen	251	5,—
Nr. 34	Ökologie	505	6,—
Nr. 35	Landschaftsplanung in der Agrarplanung	257	5,—
Nr. 36	Artenschutz und Rote Listen	315	6,—
Nr. 37	Artenschutz II — Gefährdungsursachen, Hilfsmaßnahmen, Rechtsprobleme und -grundlagen	870	8,—

Bestellungen nimmt der Deutsche Gemeindeverlag, Postfach 40 01 07, 5000 Köln 40, entgegen.

Abonnenten der Dokumentation für Umweltschutz und Landespflege erhalten auf die Sonderhefte 25 % Rabatt.